"十四五"高等职业教育专业核心课程新形态教材·汽车类

汽车安全与舒适系统检修

主　编　张德友　李建兴
副主编　施之锋

西安交通大学出版社
XI'AN JIAOTONG UNIVERSITY PRESS

图书在版编目(CIP)数据

汽车安全与舒适系统检修 / 张德友，李建兴主编. —西安：西安交通大学出版社，2021.8

ISBN 978-7-5693-2075-6

Ⅰ.①汽… Ⅱ.①张… Ⅲ.①汽车-安全装置-维修-职业教育-教材 Ⅳ.①U472.41

中国版本图书馆 CIP 数据核字(2021)第 133140 号

书　　名	汽车安全与舒适系统检修 QICHE ANQUAN YU SHUSHI XITONG JIANXIU
主　　编	张德友　李建兴
责任编辑	李　佳
责任校对	毛　帆
出版发行	西安交通大学出版社 (西安市兴庆南路1号　邮政编码 710048)
网　　址	http://www.xjtupress.com
电　　话	(029)82668357　82667874(发行中心) (029)82668315(总编办)
传　　真	(029)82668280
印　　刷	西安日报社印务中心
开　　本	787 mm×1 092 mm　1/16　印张 7　字数 174 千字
版次印次	2021 年 8 月第 1 版　2021 年 8 月第 1 次印刷
书　　号	ISBN 978-7-5693-2075-6
定　　价	20.80 元

发现印装质量问题，请与本社发行中心联系、调换。

订购热线：(029)82665248　(029)82665249

投稿热线：(029)82668818　QQ：19773706

电子信箱：19773706@qq.com

版权所有　侵权必究

前　言

随着汽车技术的发展,汽车安全与舒适系统的控制技术也随之不断的升级,原有的教材内容已经不能满足当下教学需求。为适应新的教学内容变化,保障教学活动顺利的组织与实施,我们与维修企业的技术人员合作,同时结合学校车辆与设备,编写了本书。

本书以构造组成、控制原理、使用维护、故障检测及维修为主线,以一汽大众迈腾轿车为例,以大众迈腾修理手册中的基本装备、便捷系统、进入及启动等部分为基础,结合车辆经常使用功能操作项目,设置了11个典型任务。通过任务目标、任务资讯、技能训练、任务拓展、思考与练习几个环节的学习与实践,使读者全面深入了解汽车灯光、汽车舒适系统的功能与使用、汽车故障维修等,掌握汽车灯光、舒适系统控制新技术、新功能。

本书以大众迈腾汽车为例,受众面广、任务实用、可操作性强、内容丰富,资料来源于厂家最新的技术手册,且配有独创的与维修手册配套绘制的控制原理简图,便于知识的理解和技能的提升。我们还收集及制作一些多媒体数字化素材,通过扫描前言和各任务的二维码可以浏览维修手册、电路图,观看部分教学实操视频等。

本书共计11个任务,建议学时为64学时,其中实践环节建议设置34学时。每个任务参考学时详见学时分配表。

学时分配表

任务	课程内容	学时分配	
		讲授	实训
任务1	闭锁与解锁车辆	4	4
任务2	无钥匙进入一键启动	2	2
任务3	升、降电动车窗	4	6
任务4	调节电动座椅	2	2
任务5	调节后视镜	4	4
任务6	开、关电动天窗	2	2
任务7	开启行李箱盖	2	2
任务8	开、关近光灯、远光灯	4	6
任务9	开、关前雾灯、后雾灯	2	2
任务10	开、关转向灯	2	2
任务11	开、关警告灯	2	2
课时总计		30	34

本书由宁波城市职业技术学院张德友、李建兴主编,宁波中基甬耀一汽大众汽车服务有限公司施之锋任副主编。其中,任务1由施之锋编写,任务2到任务9由张德友编写,任务10、任务11由李建兴编写。

在编写本书时,我们参考了很多相关书籍,借鉴了相关车型的维修手册和培训资料,谨在此向各资料作者及提供者表示由衷的谢意。特别感谢北京中汽恒泰教育科技有限公司和宁波一汽大众汽车服务有限公司的技术专家们的大力支持。

由于编者水平有限,书中难免存在疏漏和不足,恳请广大读者批评指正。

编　者

2021年4月

目　录

任务 1　闭锁、解锁车辆 …………………………………………………………………… (1)
　　任务目标 ………………………………………………………………………………… (1)
　　任务资讯 ………………………………………………………………………………… (1)
　　技能训练 ………………………………………………………………………………… (8)
　　任务拓展 ………………………………………………………………………………… (10)
　　思考与练习 ……………………………………………………………………………… (11)

任务 2　无钥匙进入与一键启动 ……………………………………………………………… (12)
　　任务目标 ………………………………………………………………………………… (12)
　　任务资讯 ………………………………………………………………………………… (12)
　　技能训练 ………………………………………………………………………………… (15)
　　任务拓展 ………………………………………………………………………………… (15)
　　思考与练习 ……………………………………………………………………………… (17)

任务 3　升、降电动车窗 ……………………………………………………………………… (18)
　　任务目标 ………………………………………………………………………………… (18)
　　任务资讯 ………………………………………………………………………………… (18)
　　技能训练 ………………………………………………………………………………… (22)
　　任务拓展 ………………………………………………………………………………… (25)
　　思考与练习 ……………………………………………………………………………… (25)

任务 4　调节电动座椅 ………………………………………………………………………… (26)
　　任务目标 ………………………………………………………………………………… (26)
　　任务资讯 ………………………………………………………………………………… (26)
　　技能训练 ………………………………………………………………………………… (34)
　　任务拓展 ………………………………………………………………………………… (35)
　　思考与练习 ……………………………………………………………………………… (37)

任务 5　调节后视镜 …………………………………………………………………………… (38)
　　任务目标 ………………………………………………………………………………… (38)
　　任务资讯 ………………………………………………………………………………… (38)
　　技能训练 ………………………………………………………………………………… (44)

任务拓展 ………………………………………………………………………… (46)
　　思考与练习 ……………………………………………………………………… (46)

任务 6　开、关电动天窗 ……………………………………………………………… (47)
　　任务目标 ………………………………………………………………………… (47)
　　任务资讯 ………………………………………………………………………… (47)
　　技能训练 ………………………………………………………………………… (54)
　　任务拓展 ………………………………………………………………………… (56)
　　思考与练习 ……………………………………………………………………… (56)

任务 7　开启行李箱盖 ………………………………………………………………… (57)
　　任务目标 ………………………………………………………………………… (57)
　　任务资讯 ………………………………………………………………………… (57)
　　技能训练 ………………………………………………………………………… (62)
　　任务拓展 ………………………………………………………………………… (63)
　　思考与练习 ……………………………………………………………………… (64)

任务 8　开、关近光灯、远光灯 ……………………………………………………… (65)
　　任务目标 ………………………………………………………………………… (65)
　　任务资讯 ………………………………………………………………………… (65)
　　技能训练 ………………………………………………………………………… (74)
　　任务拓展 ………………………………………………………………………… (78)
　　思考与练习 ……………………………………………………………………… (79)

任务 9　开、关前雾灯、后雾灯 ……………………………………………………… (80)
　　任务目标 ………………………………………………………………………… (80)
　　任务资讯 ………………………………………………………………………… (80)
　　技能训练 ………………………………………………………………………… (84)
　　任务拓展 ………………………………………………………………………… (85)
　　思考与练习 ……………………………………………………………………… (86)

任务 10　开、关转向灯 ……………………………………………………………… (87)
　　任务目标 ………………………………………………………………………… (87)
　　任务资讯 ………………………………………………………………………… (87)
　　技能训练 ………………………………………………………………………… (92)
　　任务拓展 ………………………………………………………………………… (93)
　　思考与练习 ……………………………………………………………………… (93)

任务 11　开、关危险报警灯 …………………………………………………………… (94)
　　任务目标 …………………………………………………………………………… (94)
　　任务资讯 …………………………………………………………………………… (94)
　　技能训练 …………………………………………………………………………… (99)
　　任务拓展 …………………………………………………………………………… (102)
　　思考与练习 ………………………………………………………………………… (102)

参考文献 ……………………………………………………………………………… (103)

任务1　闭锁、解锁车辆

 任务目标

1. 掌握中央门锁(简称CL)的基本组成与功用。
2. 理解中央门锁的控制原理。
3. 学会车辆闭锁与解锁的各种方法。

 任务资讯

资讯1　中央门锁的基本组成与功能

1.中央门锁的基本组成

具有防盗功能的汽车中央门锁系统一般有控制面板、门控单元、中央门锁装置、CAN总线、中央闭锁保险警告灯、车外后视镜和车窗电机等，如图1-1所示。

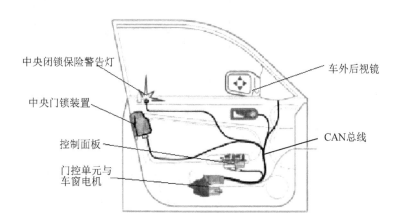

图1-1　有防盗功能的中央门锁系统(左前驾驶员侧车门)

2.中央门锁的主要功能

中央门锁的主要功能包括以下5项：
①中央门锁开启无法单独打开车门。
②中央门锁开启可单独打开车门。
③中央门锁可以打开行李厢。
④中央门锁关闭有保险作用。

⑤中央门锁关闭无保险作用。

3.中央门锁的类型

一般依据中央门锁开启方式不同分为打开所有车门和单独打开车门(可以编码类型),即打开所有车门和中央门锁开启后可单独打开车门两种,见表1-1所示。

表1-1 中央门锁开启打开车门类型

类型1:打开所有车门

指令	功能	效果
	关闭CL有保险作用	所有车门闭锁(保险); 行李厢盖闭锁; 开锁-闭锁按钮失效
5秒	关闭CL没有保险作用 (在5秒钟内)	所有车门闭锁; 行李厢盖闭锁
	打开CL	所有车门开锁; 行李厢盖开锁; 开锁-闭锁按钮生效
—	在事故中打开车门	所有车门开锁; 开锁-闭锁按钮生效

类型2:单独打开车

指令	功能	效果
	打开CL	保险作用取消; 需打开的车门开锁; 开锁-闭锁按钮生效; 行李厢盖仍闭锁; 其他车门仍闭锁
5秒	打开CL	所有车门开锁; 行李厢盖开锁; 开锁-闭锁按钮生效
	打开在后车门上的CL	保险作用取消; 行李厢盖开锁; 其他车门仍关闭

1)打开所有车门

打开所有车门有以下几种方法:

①按1次遥控器闭锁键,车辆闭锁有保险作用,此时所有车门闭锁(有保险);行李厢盖闭锁;车门拉手和尾门拉手按钮失效。

②机械钥匙顺时针转动1次,车辆闭锁有保险作用,此时所有车门闭锁;行李厢盖闭锁;车门拉手和尾门拉手按钮失效。

③在5秒内连续按2次遥控器闭锁键,车辆闭锁没有保险作用,此时所有车门闭锁;行李厢盖闭锁。

④在5秒内使用机械钥匙顺时针连续转动2次,车辆闭锁没有保险作用,此时所有车门闭

锁;行李厢盖闭锁。

⑤按1次遥控器解锁键,车辆解锁,此时所有车门解锁;行李厢盖闭锁;车门拉手和尾门拉手按钮生效。

⑥使用机械钥匙逆时针转动1次,车辆解锁,此时所有车门解锁;行李厢盖闭锁;车门拉手和尾门拉手按钮生效。

⑦发生交通事故时,所有车门解锁;车门拉手和尾门拉手按钮生效。

2)单独打开车门

单独打开车门有以下几种方法:

①按1次遥控器解锁键,此时保险作用取消,需打开的车门解锁;开锁-闭锁按钮生效;行李厢盖闭锁;其他车门依旧闭锁。

②使用机械钥匙逆时针转动1次,此时保险作用取消,需打开的车门解锁;开锁-闭锁按钮生效;行李厢盖闭锁;其他车门依旧闭锁。

③在5秒内连续按2次遥控器解锁键,此时所有车门开锁;行李厢盖开锁;开锁-闭锁按钮生效。

④在5秒内使用机械钥匙顺时针连续转动2次,此时所有车门开锁;行李厢盖开锁;开锁-闭锁按钮生效。

⑤使用机械钥匙逆时针开启尾门,此时保险作用取消;行李厢盖开锁;其他车门依旧闭锁;当行李厢关闭,在没有其他车门开启的情况下,在30秒后车辆又自动上锁。

资讯2 闭锁车辆和解锁车辆常用的几种方法

1.使用机械钥匙闭锁和解锁车辆

1)使用机械钥匙闭锁车辆

使用机械钥匙闭锁车辆时,中央门锁关闭,有保险作用,工作流程如图1-2所示。

①将机械钥匙插入驾驶员侧车门锁,顺时针转动锁芯,发出车门闭锁指令"有保险的

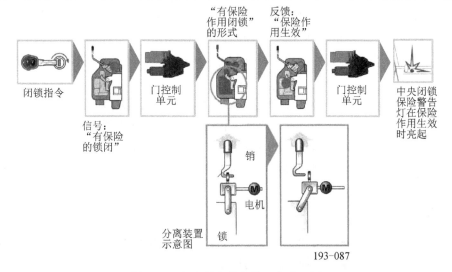

图1-2 用机械钥匙闭锁工作流程图

锁闭"。

②门锁内的微型开关将闭锁("有保险的锁闭")信息传给门控制单元,车门被闭锁。

③驾驶员侧车门控制单元通过舒适 CAN 总线将闭锁指令传给其他车门控制单元闭锁车门。

④同时,闭锁指令通过舒适系统控制单元将行李厢盖闭锁,尾门上保险。

⑤中央门锁警告指示灯闪亮。

⑥启动防盗警报系统。

⑦延迟一段时间后,车内灯控制单元关闭车内所有灯光。

总结:

有保险作用就是电机工作可向右移动与销钩脱开,车门拉手按钮失效,不能打开车门或者行李厢尾门。

无保险作用就是电机工作复位销和锁结合,车门拉手按钮生效,能打开车门或者行李厢尾门。

2)使用机械钥匙解锁车辆

当驾驶员在车外通过遥控器、无钥匙进入系统无法开启车门时,可以使用机械钥匙开启或锁闭车门,工作流程如下:

①将机械钥匙插入驾驶员侧车门锁,逆时针转动钥匙,发出车门解锁指令。

②门锁内的微型开关将解锁信息传给驾驶员侧车门控制单元。

③驾驶员侧车门控制单元通过舒适 CAN 总线将解锁指令传给舒适系统控制单元,舒适系统控制单元发送解锁指令给各个车门控制单元,车门控制单元驱动电机动作,解锁车门。

④同时,解锁指令通过舒适系统控制单元将行李厢盖解锁,尾门上无保险。

⑤警告灯闪亮1次。

⑥解除防盗警报系统。

2.使用遥控器闭锁和解锁车辆

①按遥控器的闭锁键,遥控器发送车辆闭锁指令,天线接收"闭锁车辆"信号并传给舒适系统控制单元,激活车辆防盗报警系统、行李厢闭锁控制单元、各个门控制单元,驱动车门闭锁装置内的电机工作,完成车门闭锁,车辆警告灯闪亮1次,中央闭锁保险警告灯在保险作用生效时亮起。

②按遥控器的解锁键,遥控器发送车辆解锁指令,天线接收"解锁车辆"信号并传给舒适系统控制单元,激活车辆防盗报警系统、行李厢闭锁控制单元、各个门控制单元,驱动车门解锁装置内的电机工作,完成车门解锁,车辆警告灯闪亮2次,解除车辆防盗报警系统。

注意:如果遥控器发出解锁指令后,短时间内没有打开车门及行李厢盖,则在30秒后车辆又自动上锁。

3.遥控器便利闭锁和解锁

通过遥控器使车门锁来关闭和解锁电动车窗和滑动天窗的装置称为便利闭锁和解锁。遥控器按键如图1-3所示,便利闭锁和解锁的操作如下。

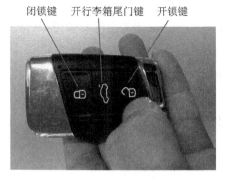

图1-3 遥控器按键示意图

长按遥控器闭锁键,车门闭锁、关闭车窗及折叠后视镜、关闭滑动天窗、启动防盗警报系统,延迟一段时间后,车内灯控制单元关闭车内所有灯光。

长按遥控器开锁键,车门开锁、开启车窗及打开折叠后视镜、打开滑动天窗、关闭防盗警报系统。

4.无钥匙进入闭锁和解锁车辆

无钥匙进入闭锁和解锁车辆的详细过程见任务2无钥匙进入与一键启动,这里不再重复。

资讯3 中央门锁的控制原理

扫描任务1二维码,学习中央门锁控制原理。

1.在车外闭锁、解锁车辆

这里以一汽大众迈腾B7L轿车遥控器闭锁与解锁为例,说明中央门锁的控制原理,如图1-4所示。

按遥控器的闭锁键,遥控器发送车辆闭锁指令,天线R47接收"闭锁车辆"信号并传给舒适系统控制单元J393,J393唤醒CAN总线激活车辆防盗警报系统,信号同时传给行李厢闭锁控制单元J386、J387,再通过LIN线传到J926、J927等各个门控制单元,门控制单元驱动车门闭锁装置内的电机工作,完成车门闭锁,车辆警告灯闪亮1次,中央闭锁保险警告灯在保险作用生效时亮起。

按遥控器的解锁键,遥控器发送解锁指令,天线R47接收"解锁车辆"信号并传给舒适系统控制单元J393,J393唤醒CAN总线激活车辆防盗警报系统,并将信号传给行李厢解锁控制单元J386、J387,再通过LIN线传到J926、J927等各个门控制单元,各个门控制单元驱动车门解锁装置内的电机工作,完成车门解锁,车辆警告灯闪亮2次,解除车辆防盗报警系统。

注意:如果遥控器发出解锁指令后,短时间内没有打开车门及行李厢盖,则在30秒后车辆又自动上锁。

2.在车内闭锁与解锁车门

在车内通过上锁按钮E308控制车门的闭锁、解锁,其按钮和控制电路如图1-5所示。

打开车门,操作人员入座后关闭所有车门,按压 E308 上的闭锁键,从内部应能打开所有车门,在外部应无法打开所有车门;按压 E308 上的开锁键,从内部、外部均能打开所有车门。

3. 使用机械钥匙解锁车门的控制原理

当驾驶员在车外通过遥控器、无钥匙进入系统均无法开启车门时,可以通过使用机械钥匙解锁或闭锁车门,其示意图如图 1-6 所示,电路简图如 1-7 所示。

拆下车门拉手上的钥匙孔盖,取出遥控钥匙内的机械钥匙;将机械钥匙插入钥匙孔内,当顺时针转动机械锁芯时,F241 开关导通,通过触点直接搭铁,将此高电位拉低至 0 V,J386 根据此信号判断驾驶员的意图,然后控制门锁电机闭锁;当驾驶员逆时针转动机械锁芯时,F241 开关通过分压电阻 R 接通搭铁线路,将此高电位拉低至 0.87 V 左右,J386 根据此信号判断驾驶员的意图,然后控制门锁电机开锁。

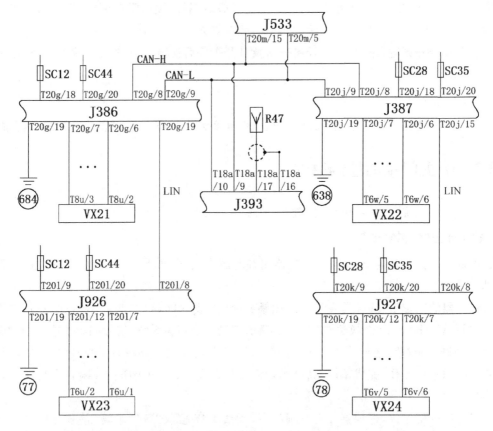

J386—驾驶员侧车门控制单元;J533—数据总线诊断接口;J387—副驾驶员侧车门控制单元;
J393—舒适/便捷功能系统中央控制单元;J926—驾驶员侧后部车门控制单元;
J927—副驾驶员侧后部车门控制单元;VX21—驾驶员侧车门闭锁单元;VX22—副驾驶员侧车门闭锁单元;
VX23—左后车门闭锁单元;VX24—右后车门闭锁单元;R47—中央门锁和防盗报警装置天线。

图 1-4 迈腾 B7L(2015)中央门锁控制原理简图

(a) 驾驶员侧车内上锁按钮 E308 开关

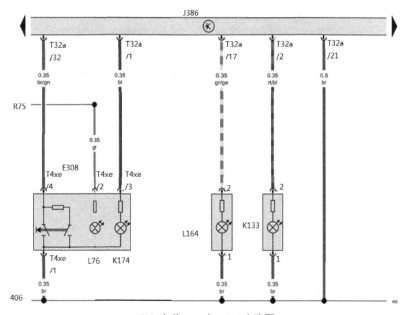

(b) 左前 J386 与 E308 电路图

J386—驾驶员侧门控制单元；E308—驾驶员侧上锁按钮。

图 1-5　车内车门上锁与解锁按钮及其控制电路简图

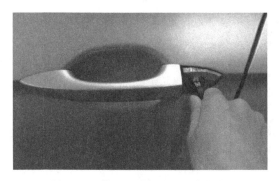

图 1-6　使用机械钥匙开锁与闭锁

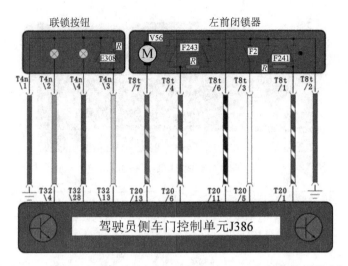

E308—联锁按钮；F2—判断车门状态开关（开启或关闭）；F241—机械钥匙开锁或闭锁车门开关；
F243—安全锁止识别开关；V56—门锁电机。

图1-7 迈腾B8轿车机械钥匙解锁与闭锁左前车门电路简图

 技能训练

技能训练1　门锁电机控制单元的检查

迈腾B8门锁电机控制线路原理简图如图1-8所示，迈腾B8的门锁电机比迈腾B7的门锁电机少了一个Safe电机，只使用一个电机进行控制，通过车门控制单元控制门锁电机的供电电流方向，实现电机的正、反转。

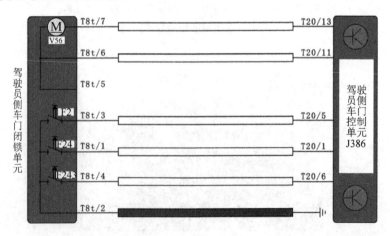

F2—判断车门状态开关（开启或关闭）；F241—机械钥匙开锁或闭锁车门开关；
F243—安全锁止识别开关；V56—门锁电机。

图1-8 迈腾B8门锁电机控制线路原理简图

驾驶员侧车门控制单元 J386 通过 T20/13 至门锁电机的 T8t/7 之间的线路连接到电机的一个碳刷，同时通过 T20/11 至门锁电机的 T8t/6 之间的线路连接到电机的另一个碳刷。J386 同时给 2 条线路输出相反电压时，电机动作，带动机械机构闭锁或开启车门锁止机构。

检查门锁电机控制单元的具体步骤如下：
①测量车门电机的 T8t/7 和 T8t/6 端之间波形，如图 1-9 所示。
②测量车门控制单元的 T20/11 和 T20/13 端之间的波形。
③线路导通性检查。
④检测门锁电机电阻。

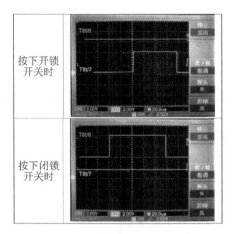

图 1-9　按下开锁、闭锁开关时电机的 T8t/7 和 T8t/6 端之间的波形图

技能训练 2　门锁功能开关 F2 信号的检查

每个车门均配置了门锁功能开关 F2，如图 1-7 所示，用于判断车门是开启还是关闭，即低电位代表开启，高电位代表关闭。

当开关开启时，车门控制单元输出一个高电位至闭锁器的 F2 的信号端子。当开关闭合时，通过 F2 的另外一个端子搭铁将该信号拉低至 0 V。控制单元就是通过此信号判定车门是开启还是关闭的。

检查门锁功能开关 F2 信号的具体步骤如下：
①测量 J386 的 T20/5 端子对地电压。
②测量门锁 T8t/3 端子对地电压。
③导通性测试。
④检测 J386 的 T20/5 端线路对地电阻状态。
⑤门锁电源负极检查。

技能训练 3　门锁功能开关 F241 信号的检查

如图 1-7 所示，F241 只有驾驶员侧车门装配，其余车门没有装配。

J386 通过其 T20/1 端子输出一个参考电压至驾驶员侧门锁的 T8t/1 端子,驾驶员在车外顺时针转动机械锁芯时,F241 开关导通,通过触点直接搭铁,将此高电位拉低至 0 V,J386 根据此信号判断驾驶员的意图,然后控制门锁电机闭锁;当驾驶员逆时针转动机械锁芯时,F241 开关通过分压电阻 R 接通搭铁线路,将此高电位拉低至 0.87 V 左右,J386 根据此信号判断驾驶员的意图,然后控制门锁电机开锁。

检查门锁功能开关 F241 信号的具体步骤如下:
①测量 J386 的 T20/1 端子对地电压。
②测量门锁 T8t/1 端子对地电压。
③导通性测试。
④检测 J386 的 T20/1 端线路对地电阻。
⑤门锁电源负极检查。

技能训练 4　门锁功能开关 F243 信号的检查

每个车门的门锁总成内都包含一个门锁功能开关 F243,如图 1-7 所示。

J386 输出一个高电位信号至 F243 的 T8t/4 端子,作为开关工作时的参考电压,当门锁电机闭锁时,机械机构带动触点动作,F243 开关闭合,这样信号线路通过触点及串联的电阻 R 和搭铁构成回路,将高电位参考信号拉低。J386 根据该电压判断门锁机械机构处于安全锁止状态,并接通中央门锁 Safe 功能指示灯电源,指示灯闪亮。当门锁电机开锁时,机械机构带动触点动作,F243 开关闭合,这样信号线路直接搭铁构成回路,将此高电位拉低至 0 V。J386 根据该信号判断门锁机械机构处于开锁状态,并中断中央门锁 Safe 功能指示灯电源,指示灯熄灭。

技能训练 5　联锁开关信号的检查

如图 1-7 所示,J386 通过其 T32/13 端子输出一个高电位至驾驶员侧门锁 T4n/3 端子,作为开关工作的参考电压,当按压驾驶员侧车门上的联锁开关闭锁键时,联锁开关闭合,信号线路通过触点直接和搭铁构成回路,将此高电位拉低,J386 根据此信号控制门锁电机闭锁;当按压联锁开关开锁键时,联锁开关的另外一个触点闭合,信号电路通过分压电阻 R 和搭铁构成回路,将此高电位拉低至 0 V,J386 根据此信号控制门锁电机开锁。

 任务拓展

现以迈腾 B7L 车型为例,说明使用机械钥匙闭锁车辆后车辆需要完成哪些工作。
①将机械钥匙插入驾驶员侧车门锁,顺时针转动锁芯,发出车门闭锁指令"有保险的锁闭"。
②门锁内的微型开关将闭锁信息("有保险的锁闭")传给门控制单元(J386),车门被闭锁。
③驾驶员侧车门控制单元通过舒适 CAN 总线将闭锁指令传给其他车门控制单元闭锁车门,同时通过舒适系统控制单元也将行李厢盖闭锁,尾门上保险。
④中央门锁警告指示灯闪亮。

⑤关闭车窗及折叠后视镜(部分选装后视镜折叠的车辆)。
⑥关闭滑动天窗。
⑦启动防盗警报系统。
⑧再延迟一段时间后,车内灯控制单元关闭车内所有灯光。

 思考与练习

1.结合教学现场车辆完成通过遥控器按键闭锁车辆的过程,理解车辆门锁的有保险作用和无保险作用。

2.结合教学现场车辆完成通过机械钥匙解锁车辆与闭锁车辆的过程,理解汽车在什么情况下使用机械钥匙解锁车辆。

任务 2　无钥匙进入与一键启动

 任务目标

1.掌握无钥匙进入系统的基本组成。
2.学会无钥匙进入与一键启动车辆。
3.理解无钥匙进入与一键启动的控制原理。
4.理解无钥匙进入与一键启动的控制过程。

 任务资讯

资讯 1　无钥匙进入基本知识

1.汽车无钥匙进入系统的基本组成

迈腾 B8L 轿车无钥匙进入系统由电子钥匙、天线、进入与启动系统控制单元 J965、车载电网控制单元、CAN 总线、舒适系统及门控单元组成，如图 2-1 所示。

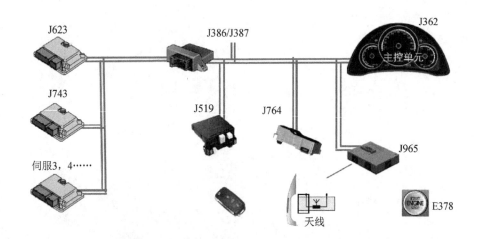

E378—一键启动按钮；J362(J285)—防盗系统控制单元；J386/J387—门控单元；
J519—车载电网控制单元；J965—进入与启动系统控制单元。
图 2-1　无钥匙进入系统的基本组成

2.钥匙与天线

天线分为内部天线和外部天线,无钥匙进入系统通过外部天线可以感知车辆周围 1.5 m 范围内的信号,如图 2-2 所示。

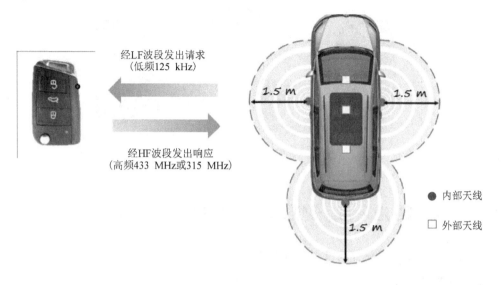

图 2-2 感知范围与天线位置

3.车门把手

车门把手外侧是闭锁传感器区域,里侧是解锁传感器区域,还安装有进入启动系统天线,如图 2-3 所示。

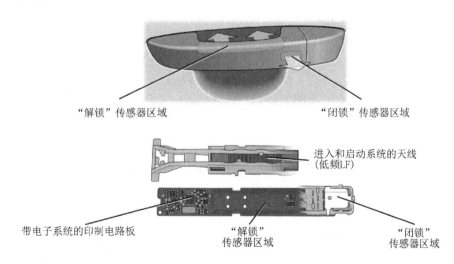

图 2-3 车门把手

车门把手的主要作用过程是 J965 激活车门把手天线,并请求车辆的钥匙发送其 ID 给 J519,如图 2-4 所示。

当手插入车门把手的解锁传感区域,J965 激活车门把手天线,发出 LF 波段(低频 125 kHz)的请求,钥匙通过天线接收到请求并确认有效。J965 激活车载电网控制单元 J519,钥匙响应发出 HF 波段(高频 433 MHz 或 315 MHz)并发送车辆的 ID 给 J519。

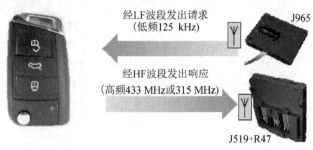

图 2-4　迈腾 B8L 钥匙与天线

资讯 2　无钥匙进入与一键启动工作过程

扫描任务 2 二维码观看该过程动画视频。

1. 无钥匙进入系统

①驾驶人携带钥匙进入车辆室外天线感知范围内(1.5 m),将手伸入车门拉手"解锁"感应区域,传感器 G415 将开门信息传给 J965 进入和启动系统控制单元。

②J965 进入和启动系统控制单元唤醒 J519 车载电网控制单元的同时,通过外部天线发出 LF 波段(125 kHz)请求信号"找钥匙",钥匙接收信息后灯闪亮并发出 HF 波段(433 MHz 或 315 MHz)至 J519 应答数据可信。

③J519 发送钥匙编码给 J965。

④J965 回答 J519 钥匙代码就绪。

⑤J519 通过舒适 CAN 总线激活 J386、J387 等允许中控锁打开。

⑥驾驶员打开车门进入车内,关闭车门,J519 询问 J965 车内有多少钥匙。

⑦J965 通过室内天线找钥匙,钥匙接收信息后灯闪亮并发出 HF 波段(433 MHz 或 315 MHz)至 J519 应答数据可信。

⑧J519 发送钥匙编码给仪表(防盗)主控单元 J362,J362 中控单元确认钥匙代码就绪,发出控制指令,J764 转向柱控制单元使转向柱解锁(方向盘可以转动)。

2. 一键启动系统

一键启动系统的具体工作过程如下:

①按下一键起动按钮 E378,进入及启动许可控制单元 J965,开始处理信号并唤醒舒适 CAN 总线系统,同时查询防盗锁止系统控制单元(J519 内部)是否允许接通 15 电源。

②防盗控制单元回问 J965 车内是否有授权钥匙。

③进入及启动许可控制单元 J965 通过车内天线发送一个查询码(125 kHz 低频信号)给已匹配的钥匙,授权钥匙识别到该信号后进行编码并向 J519 返回一个数据(433 MHz 高频信号)。

④J519 将该数据转发给防盗锁止系统控制单元(J519 内部),防盗锁止系统控制单元

(J519内部)通过比对确认是否为已授权钥匙。同时J965通过CAN总线向J519发送消息，J519接通15电源。其他的CAN数据总线将通过数据总线诊断接口J533进行唤醒。

⑤J519唤醒J623,J623询问启动批准、数据检测。
⑥检测发动机启动防盗是否通过(防盗批准)。
⑦检测J743,变速杆是否在P(或者N)位置。
⑧检测制动踏板是否踩下。

如果同时满足以上条件,发动机顺利启动。如果不踩制动踏板,只是按E378按钮,则仪表正常,进行自检,防盗系统通过,起动机不转,不能启动发动机。大众迈腾B8L轿车发动机不启动时,端子15供电后仪表总成工作状态如图2-5所示。

图2-5　端子15供电后仪表总成工作状态

 技能训练

无钥匙进入与一键启动

(1)实车训练无钥匙进入与一键启动工作过程。
(2)一键启动系统的使用参考任务拓展。

以大众高尔夫7为例,识读一键启动系统控制原理简图,如图2-6所示。

注意:大众迈腾、高尔夫6、高尔夫7等车型,控制方法大多由车载控制单元J519控制卸荷继电器工作。

 任务拓展

1.大众迈腾B7L轿车钥匙不同位置的功能

轿车钥匙未插入点火开关时,转向柱锁处于激活状态,锁止方向盘。钥匙插入点火开关后,可处于不同位置,如图2-7所示,不同位置的功能如下：

①关闭点火开关及所有用电器,转向柱锁处于激活状态,锁止方向盘。
②关闭点火开关,但转向柱锁分离,松开方向盘,此时可从点火开关里拔出轿车钥匙。

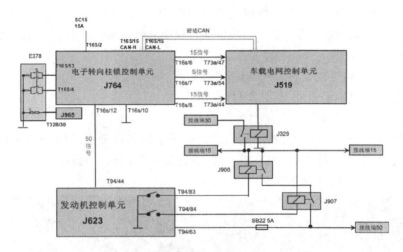

E378—启动按钮;J329—端子15供电继电器;J906—启动继电器1;J907—启动继电器2;
接线端30—常火线;接线端15—点火开关控制的火线;接线端50—点火开关控制的启动火线。

图2-6 大众高尔夫7一键启动控制系统原理图

③打开点火开关,此时可从点火开关里拔出轿车钥匙。

④启动发动机,发动机启动后轿车钥匙仍保持在该位置,将轿车钥匙完全推入点火开关即可拔出钥匙,松开轿车钥匙即可关闭发动机,钥匙弹出至位置②。

图2-7 钥匙插入点火开关位置

2.用轿车钥匙启动发动机操作步骤

用轿车钥匙启动发动机的具体操作步骤如下:
①踏下制动踏板,并将其保持在踏下位置,直至完成步骤⑤的操作。
②将换挡杆挂入空挡或将变速杆移入位置P或N。
③将轿车钥匙推至位置④,如图2-7所示(勿踏油门踏板)。
④发动机一旦启动,立即松开轿车钥匙。
⑤如发动机未能启动,停止启动过程,约一分钟后再按上述操作步骤启动发动机。
⑥起步行驶前关闭电子驻车制动器。

3.用启动按钮启动发动机(一键启动)

用启动按钮启动发动机的具体操作步骤如下:

①踏下制动踏板,并将其保持在踏下位置,直至完成步骤⑤的操作。
②将换挡杆挂入空挡或将变速杆移入位置 P 或 N。
③按压启动按钮,如图 2-8 所示,勿踩油门踏板,车内必须有有效轿车钥匙方能启动发动机。

图 2-8 启动按钮

④发动机一旦启动,立即松开启动按钮。
⑤如发动机未能启动,停止启动过程,约一分钟后再按上述操作步骤启动发动机。
⑥起步行驶前关闭电子驻车制动器。

 思考与练习

1. 当手插入车门解锁传感区域时,钥匙有何反应?
2. 车辆闭锁状态下,用机械钥匙开锁后,拉开车门,如果车辆恢复供电会有何反应?
3. 结合大众高尔夫 7 一键启动系统控制原理简图,尝试描述供电生成过程。

任务3 升、降电动车窗

 任务目标

1. 掌握电动车窗的基本组成及功用。
2. 学会正确控制电动车窗。
3. 理解电动车窗的控制原理。
4. 学会用万用表、示波器、诊断仪等工具、仪器检修电动车窗相关故障。
5. 了解电动车窗的防夹功能。

 任务资讯

资讯1 电动车窗系统基础知识

1. 电动车窗按钮

以大众迈腾 B7L 轿车为例,驾驶员侧电动车窗按钮如图 3-1 所示。

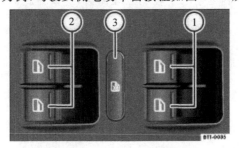

1—前排电动车窗按钮;2—后排电动车窗按钮;3—安全按钮。

图 3-1 驾驶员侧电动车窗按钮

电动车窗按钮的操作方法见表 3-1。

表 3-1 电动车窗按钮的功能及操作方法

功能	操作方法
打开	按压按钮 1 或 2
关闭	上提按钮 1 或 2
终止单触功能	再次按压或上提相应电动车窗按钮
安全按钮	按钮 3 用于锁止后排车门上的电动车窗按钮,锁止后排电动车窗按钮后,安全按钮里的黄色指示灯随之点亮

关闭点火开关后数分钟内如未打开驾驶员侧车门和前排乘员侧车门,则仍可用电动车窗按钮操控电动车窗,数秒钟后系统打开方便打开/关闭功能。

2. 电动车窗的功能

1)单触打开/关闭车窗功能

单触打开/关闭功能可使某个电动车窗一次性完全打开或关闭,而无须一直操控相应的电动车窗按钮。

单触关闭:将相应电动车窗按钮快速提至二挡位置后松开按钮即可完全关闭车窗。

单触打开:将相应电动车窗按钮快速下按至二挡位置后松开按钮即可完全打开车窗。

终止单触功能:再按一下或上提相应电动车窗按钮即可终止单触功能。

2)恢复单触打开/关闭功能

如果断开车辆的蓄电池或蓄电池无电时车窗未完全关闭,单触功能将不起作用,必须按下列步骤恢复单触功能:

①关闭所有车窗和车门。

②上提车窗按钮,并将其保持在上提位置至少1秒钟。

③松开按钮,再次上提按钮,并将其保持在上提位置,至此,某扇车窗的单触功能即被恢复。

可按上述方法恢复某个车窗的单触功能,也可同时恢复数个车窗的单触功能。

注意事项:

①打开或关闭车窗时务必确保无人或物处在车窗升降范围内。

②闭锁轿车时切勿将儿童或老人单独留在车内,以免发生紧急情况时无法打开车窗。

③离车时务必随身带走轿车钥匙。关闭点火开关后数分钟内若未打开驾驶员侧车门和前排乘员侧车门,则仍可用按钮操控电动车窗。

④儿童坐在后排座椅随车行驶时必须用安全按钮关闭后排电动车窗升降功能,使其不能打开或关闭。

3. 电动车窗的防夹功能

迈腾B7L轿车的电动车窗具有防夹功能,关闭车窗时可有效防止车窗玻璃夹伤乘员。若某个车窗受阻,该车窗的单触关闭功能立即停止,车窗玻璃自动下降打开,遇此情况应按下列步骤进行操作:

①尽快查明车窗不能顺畅关闭的原因,然后再次尝试关闭车窗。

②若10秒钟内车窗再次受阻无法关闭,车窗自动关闭功能将被关闭约10秒钟。

③如车窗仍受阻,车窗玻璃即停在受阻位置。10秒钟内再次按压按钮,尝试在无防夹功能的条件下关闭车窗。

在10秒钟内按住按钮尝试再次关闭车窗时,系统会针对一小段车窗关闭路径关闭防夹功能。

注意事项:

①车窗关闭过程超过10秒钟,系统将再次激活防夹功能,车窗关闭时若在另一处再次受阻,车窗将立即停止关闭。

②遇此情况须尽快到特许经销商处检修系统。

安全提醒:

①无防夹功能的车窗,关闭时可能会夹伤车内驾乘人员。

②关闭电动车窗时务必谨慎,务必确保无人和物处在车窗升降范围内,在防夹功能不起作用的情况下尤其要注意。

③防夹功能不能保护处在车窗框处的手指或身体其他部位,谨防被夹伤。

④用轿车钥匙的方便关闭功能关闭车窗时,电动车窗防夹功能同时被激活。

⑤电动车窗发生故障后,单触功能及防夹功能均不起作用,发生这种情况时,要尽快检修系统。

资讯 2　汽车电动车窗控制原理

1.迈腾 B7L 轿车的电动车窗控制原理(扫描任务 3 二维码观看电动车窗控制原理图)

迈腾 B7L 轿车的电动车窗控制原理如图 3-2 所示。我们选择以驾驶员操作右后车窗下降为例,描述迈腾 B7L 轿车的电动车窗控制原理。

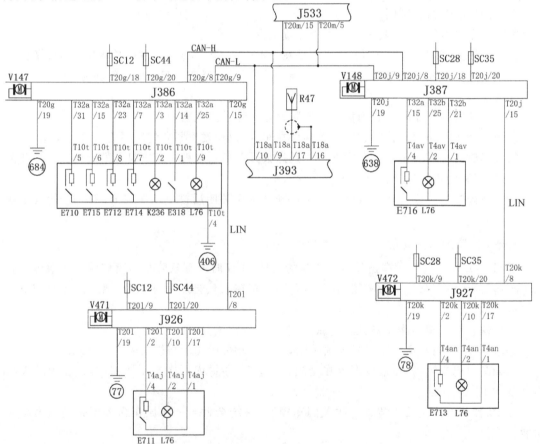

E710—左前车窗开关;E712—左后车窗开关;E714—右后车窗开关;E715—右前车窗开关;
K236—安全锁指示灯;E318—安全锁按钮;L76—按钮照明灯;V147—左前车窗电机;
V148—右前车窗电机;V471—左后车窗电机;V472—右后车窗电机;E711—左后车窗开关;
E713—右后车窗开关;E716—右前车窗开关。

图 3-2　迈腾 B7L 轿车的电动车窗控制原理简图

驾驶员进入车内,打开点火开关(按启动按钮 E378,通过 J965、J519 提供 15♯上电,仪表系统控制单元 J285 正常工作);同时唤醒舒适系统控制单元 J393、J386、J387、J926、J927、舒适 CAN 总线、LIN 线和 J533 网关。

按下 E714 右后车窗开关后,将 J386 输出的一个参考(脉冲)方波信号电压通过 E714 开关接地搭铁,下拉至 0 V,即右后车窗下降信号;J386 控制单元识别出右后车窗下降意图,通过 CAN 总线传送给舒适系统控制单元 J393,舒适系统控制单元发出下降指令,通过 CAN 总线、J387‑LIN 线到 J927 驱动 V472 电机工作,降下车窗。

2. 识读维修手册电路图

迈腾 B8 维修手册驾驶员侧门控单元、车窗开关局部电路图,如图 3‑3 所示。

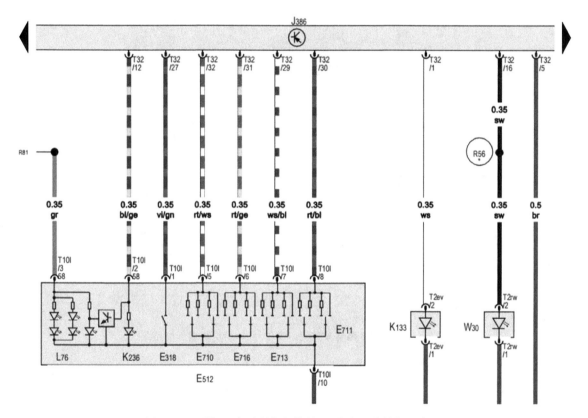

图 3‑3 迈腾 B8 驾驶员侧门控单元、车窗开关局部电路图

迈腾 B8 维修手册副驾驶员侧门控单元、车窗电机局部电路图,如图 3‑4 所示。

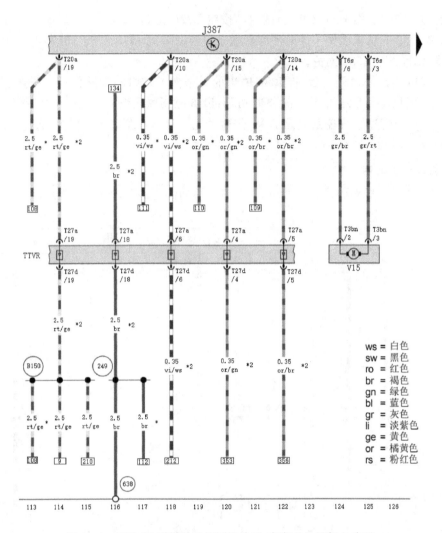

图 3-4 迈腾 B8 副驾驶员侧门控单元、车窗电机局部电路图

  技能训练

技能训练 1　电动车窗控制开关信号的检测

1. 迈腾 B7L 轿车的电动车窗控制开关的元件检测（扫描任务 3 二维码观看操作视频）

迈腾 B7L 驾驶员侧车窗开关至 J386 局部电路图如图 3-5 所示，驾驶员侧车窗升降开关 E710 的检查步骤如下：

①不拔接线插头，测量车门控制单元 J386 的 T32a/31 端对地电压波形，正常时应是峰值为电源电压的方波。

②测量玻璃升降器按钮 E710 的 T10t/5 端对地电压波形，正常时应是方波，与 T32a/31 端对地电压波形一致。

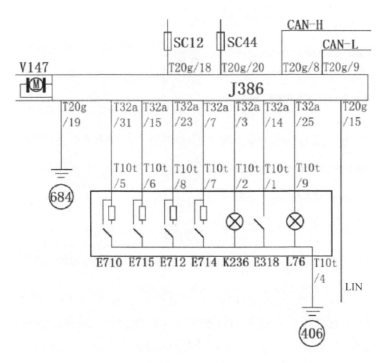

图3-5 迈腾B7L驾驶员侧车窗开关至J386局部电路图

③如果两者波形不一致,检查按钮E710的T10t/5端与J386的T32a/31端间线路的导通性。

④检测按钮E710的T10t/5端线路对地电阻。

⑤检测按钮E710开关各挡位电阻(开关自身检测):

E710开关测量T10t/5端与T10t/4端之间的电阻值(上升一挡、上升二挡;下降一挡、下降二挡);

E715开关测量T10t/6端与T10t/4端之间的电阻值(上升一挡、上升二挡;下降一挡、下降二挡);

E712开关测量T10t/8端与T10t/4端之间的电阻值(上升一挡、上升二挡;下降一挡、下降二挡);

E714开关测量T10t/7端与T10t/4端之间的电阻值(上升一挡、上升二挡;下降一挡、下降二挡)。

2.E710元件检测与开关信号检测

以迈腾B8轿车驾驶员侧车窗升降开关E710为例,如图3-6所示,完成E710元件检测与开关信号检测。具体检查内容如下:

①测量车门控制单元J386的T32/32端对地电压。

②测量玻璃升降器按钮E710的T101/5端对地电压。

③检查按钮E710的T101/5端与J386的T32/32端间线路的导通性(检测按钮E710的T101/5线路对地电阻)。

④车窗玻璃升降器开关电源、负极检查。
⑤检测按钮 E710 开关各挡位电阻(开关自身检测)。

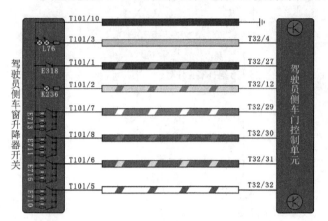

开关至上升2挡	1.13 V左右
开关至上升1挡	2.1 V左右
无操作	3.6 V左右
开关至下降1挡	0.4 V左右
开关至下降2挡	0 V

图 3-6　迈腾 B8 驾驶员侧车窗开关至 J386 局部电路图

驾驶员侧车门控制单元 J386 通过 T32/32 端输出一个参考(脉冲)电压给驾驶员侧玻璃升降器控制按钮 E710 的 T101/5 端,同时通过 T101/10 端为开关提供搭铁回路。

操作开关至上升、自动上升、下降、自动下降时,T101/5 端至 T32/32 端线路上的电压幅值会产生相应的变化,驾驶员侧车门控制单元 J386 监测该线路上的电压,根据此电压确认开关处于哪种状态(上升、自动上升、下降、自动下降),从而控制升降器电机做相应的运转。

技能训练 2　电动车窗电机控制线路测量

迈腾 B8 车窗电机控制原理简图如图 3-7 所示,迈腾 B8 轿车的电动车窗电机控制线路测量如下。

图 3-7　迈腾 B8 左前侧车窗电机控制原理简图

1.测量内容

测量车门电机的 T3f1/2 端和 T3f1/3 端之间的电压。测量车门控制单元的 T6t/6 端和 T6t/3 端之间的电压。

2.线路导通性检查

检测车窗电机电阻(电机自身检测)。

迈腾 B8 的车窗电机是在原来的 B7 基础上将车窗电机分离出来,通过车门控制单元控制车门电机的两个供电线路的电流方向,实现电机的正、反转。

驾驶员侧车门控制单元 J386 通过其 T6t/6 端至车窗电机的 T3f1/2 端之间的线路连接至电机的一端碳刷,同时通过其 T6t/3 端至车窗电机的 T3f1/3 端之间的线路连接至电机的另一端碳刷。操作开关至上升、自动上升、下降、自动下降时,两条线路输出相反电压,驱动电机运转。

 任务拓展

电动车窗除通过车内按钮控制外,也可在车外用车钥匙打开和关闭,叫作电动车窗的便捷功能,具体操作方式如下:

①按住车钥匙上的闭锁或开锁按钮,即可同时打开或关闭所有车窗及滑动/翻开式天窗。
②松开闭锁或开锁按钮,便捷打开和关闭功能随即中断。
③用便捷方式关闭轿车车窗时,系统先关闭车窗,然后关闭滑动/翻开式天窗。

用"设置-舒适功能"菜单可对电动车窗的工作模式设置多种设定,参见迈腾 B7L 的使用手册。

 思考与练习

1.迈腾 B7L 车窗开关信号是怎样生成的?
2.如果发生驾驶员侧车窗只能上升不能下降的故障,请尝试写出故障排除思路。

任务 4　调节电动座椅

 任务目标

1. 掌握电动座椅的基本组成及功用。
2. 理解电动座椅的控制原理。
3. 学会用万用表检测电动座椅。
4. 了解电动座椅的记忆功能。

 任务资讯

资讯 1　电动座椅系统使用知识

1. 正确坐姿

驾驶员进入车内后，保持正确的坐姿是行车安全的保障。若遇到座椅位置不合适的情况，可以通过调整座椅来保障正确的坐姿，调整座椅时要注意以下两点：

① 驾驶员与方向盘之间至少保持 25 cm 的距离，如图 4-1 所示。

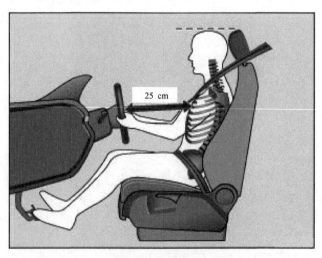

图 4-1　驾驶员与方向盘位之间的距离示意图

② 安全带及头枕的正确位置示意图，如图 4-2 所示。

汽车的电动座椅按是否有记忆功能分为无记忆功能的电动座椅和有记忆功能的电动座椅两种。

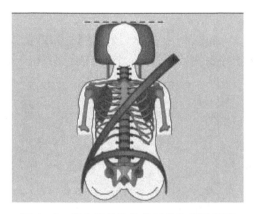

图4-2 安全带及头枕的正确位置示意图

2.座椅调整

前排座椅调整。以大众迈腾 B7L 轿车无记忆电动座椅为例,用于调整左前座椅前后位置、靠背角度及坐垫高度/倾斜角的电动调整机构,如图4-3、图4-4所示。

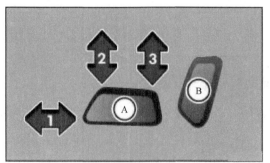

1—前后移动座椅;
2—升高或降低座椅;3—调整坐垫角度。
A—座椅调节器;B—座椅靠背调节器。
图4-3 前排座椅电动调整机构

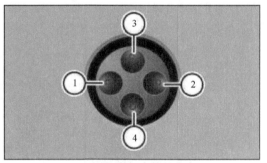

1,2—调整腰部支撑的曲率;
3,4—调整腰部支撑的高度。
图4-4 用于调整腰部支撑的调整机构

前排乘员电动座椅调整。前排乘员可以通过按键调整其座椅,按键如图4-5所示。

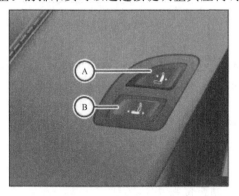

A—调整座椅靠背角度;B—前后移动座椅。
图4-5 前排乘员电动座椅的调整按键

3. 调整座椅头枕

调整头枕高度。如图4-6和图4-7所示，按住按钮①，沿箭头方向上推或下压头枕即可将头枕调整至合适高度，调整好头枕后听到"咔嗒"声，表示头枕已卡定。

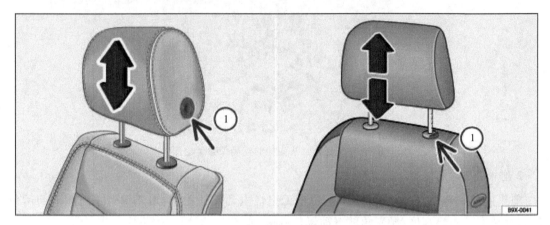

图4-6　调整前排座椅头枕

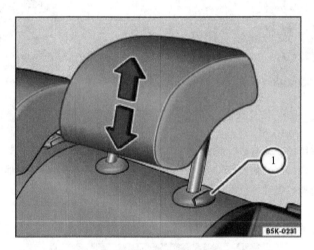

图4-7　调整后排座椅头枕

头枕的正确位置。调整头枕时，使头枕上缘与头顶等高，但勿低于眼睛，轿车行驶时后脑应尽可能贴在头枕上。配备纵向可调式头枕的轿车，应将头枕调整至适于乘员后脑依靠的位置。

注意：

若轿车在拆掉头枕或头枕安装/调整不当时行驶，一旦发生事故或紧急加速或紧急制动时极易引发严重伤亡事故！因此，应做到以下几点：

①座椅必须安装头枕，并调整得当。

②所有驾乘人员必须按自身体型调整好头枕，以免因事故致伤颈部。头枕上缘必须尽可能与乘员头顶等高，不可低于眼睛。轿车行驶时后脑应尽可能贴在头枕上。

③轿车行驶时切勿调整头枕。

资讯2　电动座椅调整的工作原理

1.无记忆功能电动座椅的工作原理

座椅电机均为双向电机,通过控制开关来变换电机的电源和接地,实现座椅调整。迈腾B8L左前座椅调节控制单元及倾斜度调节电机局部电路图如图4-8所示。

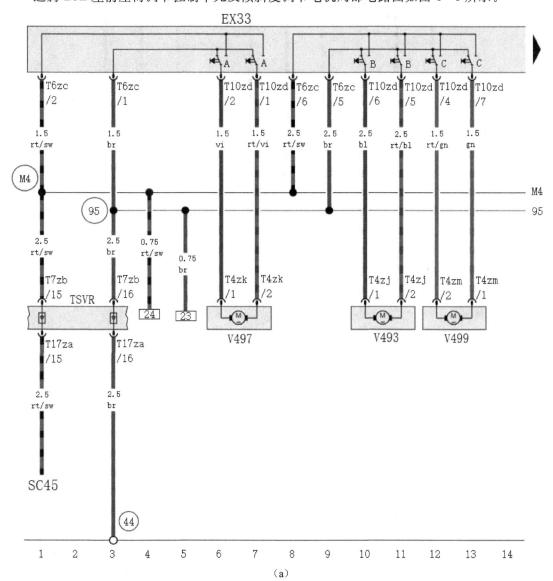

(a)

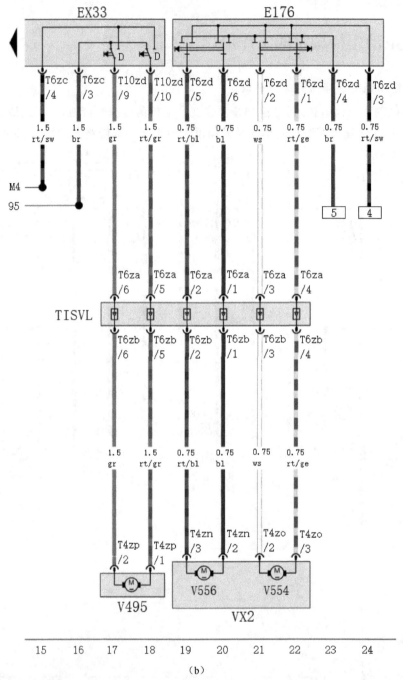

EX33—左前座椅调节操作单元；E176—左前座椅腰部支撑调节开关；TISVL—左前座椅内的连接位置；VX2—左前座椅腰部支撑；V495—左前座椅靠背调节电机；V554—左前座椅腰部支撑高度调节电机；V556—左前座椅腰部支撑前后位置调节电机；SC45—保险丝架C上的保险丝45；V493—左前座椅纵向调节电机；V497—左前座椅倾斜度调节电机；V499—左前座椅高度调节电机。

图4-8 迈腾B8L左前座椅调节控制单元，左前侧座椅倾斜度调节电机局部电路图（无记忆功能座椅）

2.有记忆功能电动座椅的工作原理

座椅电机均为双向电机,由座椅控制单元驱动。操作控制开关将信号传送给座椅控制单元,座椅控制单元识读信号后,控制相应电机的电源和接地,实现座椅的相应调整,如图4-9所示。

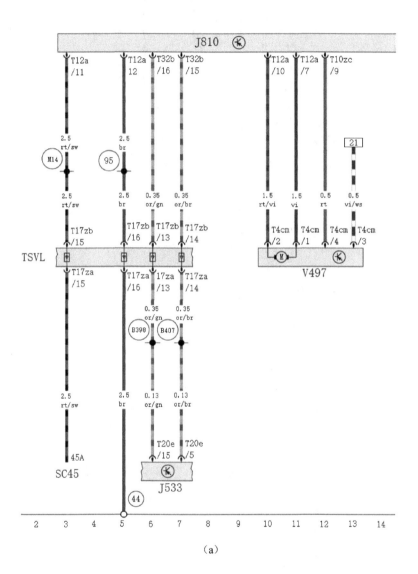

(a)

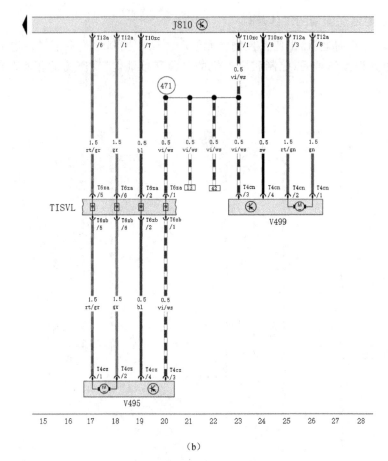

(b)

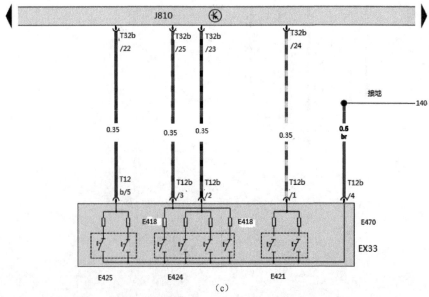

(c)

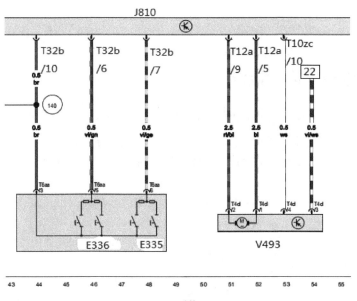

(d)

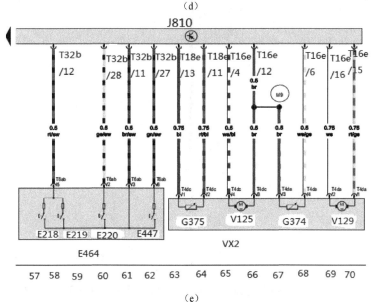

(e)

J533—数据总线诊断接口;J810—驾驶员座椅调节控制单元;SC45—保险丝架 C 上的保险 45;
T4cm—4 芯插头连接,黑色;T10zc—10 芯插头连接;T12a—12 芯插头连接,黑色;
T17za—17 芯插头连接;T17zb—17 芯插头连接;T20e—20 芯插头连接,黑色;T32b—32 芯插头连接,灰色;
TSVL—左前座椅连接位置;V497—左前侧座椅倾斜度调节电机;44—左侧 A 柱下部的接地点;
95— 接地连接 1,座椅调节导线束中;B398—连接 2(舒适 CAN 总线,High),在主导线束中;
B407—连接 2(舒适 CAN 总线,Low),在主导线束中;M4—正极连接(30),在后座椅调节装置导线束中;
*—截面积视装备而定。

图 4-9 迈腾 B8L 驾驶员座椅调节控制单元,左前侧座椅倾斜度调节电机局部电路图(有记忆功能座椅)

技能训练

技能训练 1　电动座椅的检修

电压检测：电动座椅电机局部电路图如图 4-10 所示。不拔出插头，采用背插方法将探针插入 T4cm/2 与 T4cm/1 针脚，使用万用表直流 0~20 V 电压挡，测量 T4cm/2 与 T4cm/1 针脚间的电压数值变化。当操作相应的座椅调节开关时，电压变化为：12 V→0 V；或 0 V→12 V。

电阻检测：拔出插头，使用万用表直流 0~200 Ω 电阻挡，测量 T4cm/2 与 T4cm/1 针脚之间的电阻数值，显示"1"为短路，显示"0~4"为正常。

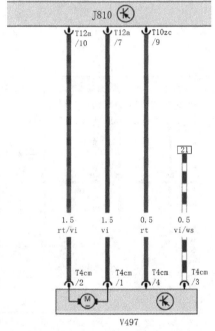

J810—驾驶员座椅调节控制单元；V497—驾驶员座椅倾斜度调节电机。

图 4-10　电动座椅电机局部电路图

技能训练 2　电动座椅的开关信号与控制单元的检修

调节按钮电压检测：迈腾 B8L 驾驶员座椅调节操作单元，驾驶员座椅调节控制单元如图 4-11 所示。不拔出插头，采用背插方法将探针插入 T12b/5 与 T12b/4 针脚，使用万用表直流 0~20 V 电压挡，红表笔插入 T12b/5，黑表笔插入 T12b/4 针脚或接地。当操作 E425 座椅靠背调节按钮时，显示相应的电压数值变化。如果此时显示 0 V，则故障在测试点之前，需要进一步测量 J810 的 T32b/22 脚，如果 T32b/22 脚测量值为 12 V，则可以确定 T32b/22 与 T12b/5 之间断路。进一步使用电阻测量，如果显示"1"，可以确定修复线路解决。如果此时显示 12 V,则故障在测试点之后,需要进一步测量 E425 调节按钮。

调节按钮电阻检测:如图 4-11 所示,拔出 T12b 插头,使用万用表直流 0~200 Ω 电阻挡,使用连接线测量 T12b/5 与 T12b/4 针脚之间的电阻变化。当操作 E425 座椅靠背调节按钮时,显示相应的电阻数值变化,如果显示"1",可以确定调节按钮短路,可更换调节按钮解决故障。

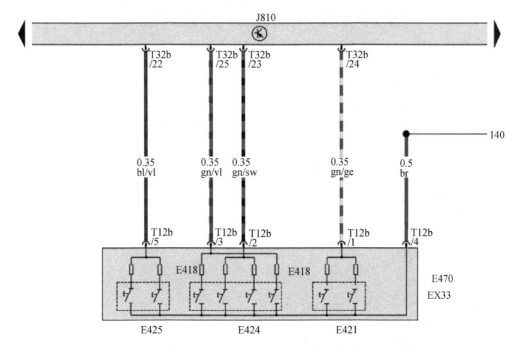

EX33—左前座椅调节操作单元;E418—座椅纵向调节按钮;E421—倾斜度调节按钮;
E424—座椅高度调节按钮;E425—靠背调节按钮;E470—驾驶员座椅调节操作单元;
J810—驾驶员座椅调节控制单元;T12b—12 芯插头连接,黑色;
T32b—32 芯插头连接,灰色;140—接地连接 2,座椅调节导线束中。
图 4-11 迈腾 B8L 驾驶员座椅调节操作单元,驾驶员座椅调节控制单元

 任务拓展

记忆电动座椅相关功能设定

迈腾 B7L 轿车座椅记忆按钮如图 4-12 所示。记忆按钮有三个,可将驾驶员座椅和车外后视镜的设定分配给其中任一按钮。

1. 储存驾驶员座椅和车外后视镜的前行设定位置直至激活记忆功能

①打开电子驻车制动器。
②挂入空挡。
③打开点火开关。

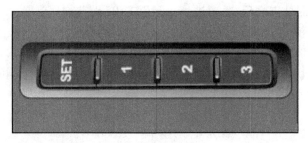

图 4-12　迈腾 B7L 轿车座椅的记忆按钮

④将驾驶员座椅和车外后视镜调整至所需位置。

⑤按压 SET 按钮 1 秒钟以上。

⑥10 秒钟内按压某个想要使用的记忆按钮,将设定分配给该按钮。系统发出一声响,确认已储存设定。

2.储存前排乘员侧车外后视镜倒车设定

①打开电子驻车制动器。

②挂入空挡。

③打开点火开关。

④按压所需记忆按钮。

⑤挂入倒挡。

⑥调整前排乘员侧车外后视镜,使之能清晰反映车后路面景象。

⑦系统自动存储后视镜位置设定。

3.调用驾驶员座椅及车外后视镜设定

①轿车处于静止状态,打开点火开关后按一下相应记忆按钮。

②点火开关处于关闭状态时,按住相应记忆按钮,直至驾驶员座椅及车外后视镜移至储存的位置。

③轿车以 15 km/h 的时速向前行驶时,或将车外后视镜调整旋钮自位置 R 拧至其他位置时,处于倒车设定位置的前排乘员侧车外后视镜自动自倒车设定位置移至设定的前行位置。

4.激活轿车钥匙的记忆功能

①开启驾驶员侧车门。

②按压所需记忆按钮,并将其保持在按下位置,直至激活记忆功能。

③如需要,可一直按住记忆按钮,直至座椅移至储存的位置。

④按住记忆按钮,同时 10 秒钟内按压轿车钥匙上的开启按钮,系统发出一声响,确认已激活轿车钥匙的记忆功能。

5.退出轿车钥匙的记忆功能

①按压 SET 按钮,并将其保持在按下状态,直至激活记忆功能。

②按住记忆按钮,同时,10 秒钟内按压轿车钥匙上的开启按钮,系统发出一声响,确认已退出轿车钥匙的记忆功能。

6. 将驾驶员座椅及车外后视镜的设定分配给轿车钥匙

①激活轿车钥匙记忆功能。

②用同一把钥匙开启轿车。

③调整车外后视镜和驾驶员座椅。

④用钥匙上的闭锁按钮闭锁轿车即可将驾驶员座椅及车外后视镜的设定储存在该轿车钥匙里。

⑤之后若用轿车钥匙的开启按钮开启轿车,打开驾驶员车门时驾驶员座椅和车外后视镜即自动移至设定的位置。

7. 初始化记忆座椅

更换座椅后必须对座椅的记忆系统进行初始化处理。初始化过程中储存的原座椅的设定被全部删除,而后可用轿车钥匙对记忆按钮进行重新编程和同步化处理。具体做法如下:

①打开驾驶员侧车门,但勿进入车内。

②在车外调整座椅。

③调整座椅靠背角度,尽可能前倾靠背。

④松开靠背调整开关,然后再次按压该开关,直至听到系统发出一声响。

思考与练习

1. 结合迈腾 B7L(2015)电路图绘出无记忆电动座椅控制原理简图。

2. 结合一款装有记忆电动座椅功能的大众品牌车辆,尝试完成一项电动座椅的设定。

任务 5　调节后视镜

　任务目标

1. 掌握后视镜的基本组成与功用。
2. 理解电动后视镜的控制原理。
3. 学会调整后视镜。
4. 学会用万用表、示波器等仪器检测相关线路与元器件。
5. 了解后视镜的记忆功能。

　任务资讯

资讯 1　车内后视镜

1. 汽车后视镜分类与作用

汽车后视镜按作用不同可分为车内后视镜和车外后视镜,如图 5-1 和图 5-2 所示。

图 5-1　车内后视镜

图 5-2　车外右侧后视镜

①车内后视镜的作用。驾驶员必须将车内后视镜调整至合适位置,以便通过后窗看清车后的状况。

②车外后视镜的作用。驾驶员必须将车外后视镜调整至合适位置,以便通过车外后视镜看清车后及两侧的交通状况。

2.车内后视镜

夜间行车时,后车前照灯光通过车辆的后窗照到车门后视镜上,光线会反射到驾驶员的眼内使其眩目。所以在车内后视镜上要安装防眩目装置。

汽车防眩目装置通常有手动防眩目车内后视镜和自动防眩目车内后视镜两种。

1)手动防眩目车内后视镜

手动防眩目车内后视镜如图 5-3 所示。

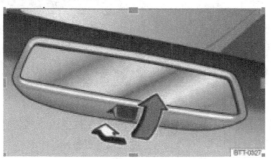

图 5-3 手动防眩目车内后视镜

车内手动操作内后视镜下部的调整杆指向风窗。向后拨调整杆即可将车内后视镜调整至防眩目状态。

2)自动防眩目车内后视镜(扫描任务 5 二维码学习其工作原理)

自动防眩目内后视镜通常由指示灯 1、开关 2 和入射光线强度传感器 3 组成。自动防眩目内后视镜如图 5-4 所示。

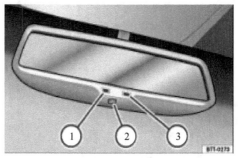

1—指示灯;2—开关;3—入射光线强度传感器。
图 5-4 自动防眩目车内后视镜

自动防眩目内后视镜通过开关打开和关闭控制自动防眩目功能。打开防眩目功能时,指示灯随即点亮。打开点火开关后,传感器根据探测到入射光线的强度自动调节车内后视镜的反射光强度。挂入倒挡或打开车内照明灯或阅读灯时,防眩目功能自动关闭,车内后视镜将不起防眩目作用,或不能正常工作。

资讯 2 车外后视镜

1. 车外后视镜的调整

出于行车安全要求,驾驶员进入车内,应依据身高、体型等自身情况,对座椅位置、方向盘位置、车内后视镜、车外后视镜进行调整。

目前,多数车外电动后视镜调整是通过车外后视镜调整旋钮实现的,如图 5-5 所示。

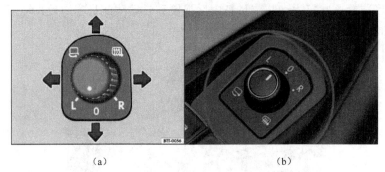

(a)　　　　　　　　　　(b)

▣—后视镜折叠开关;▨—后视镜加热开关;L—左侧位置;0—中立位置;R—右侧位置。

图 5-5　车外后视镜调整旋钮

车外后视镜调整旋钮内置两个开关,即 E48 选择开关和 E43 调整开关。本书通过大众迈腾 B8L 轿车局部电路图展示,如图 5-6 所示。

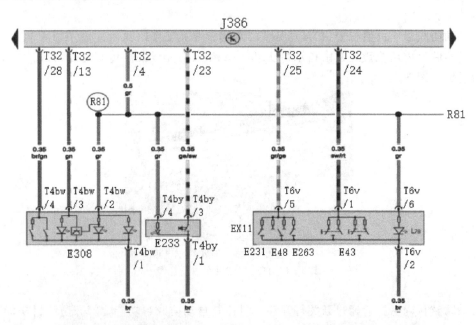

EX11—车外后视镜调整旋钮;J386—驾驶员侧车门控制单元;E48—后视镜选择转换开关;
E43—后视镜调节开关;E231—后视镜加热开关;E263—后视镜内折开关。

图 5-6　大众迈腾 B8L 轿车局部电路图

旋钮选择开关 E48 有中立位置 0、左侧位置 L、右侧位置 R。有的车辆旋钮还标有折叠位置和加热位置,如图 5-5 所示。

通常,E48 在 L 位置,E43 调整开关上、下、左、右操作时,左、右后视镜均可以调整,同时外张,同时内收;同时上翻,同时下翻。而 E48 居 R 位置,E43 调整开关上、下、左、右操作时,只能调整右侧后视镜,左侧后视镜不动。

可以理解为,居 L 位置调整时以左侧后视镜调整合适为主,左侧调整好后,右侧后视镜虽然已经进行了调整,当出现不合适时,再将 E48 旋转到 R 位置,微调到合适位置。

补充信息:

实现同步调整两侧车外后视镜(需要提前设置)的步骤如下:

①在"设置-舒适功能"里选择"同步调整车外后视镜"菜单项。

②将调整旋钮拧至"驾驶员"位置,调整驾驶员侧车外后视镜时前排乘员侧车外后视镜随之同步调整。

③如需要,可将旋钮拧至位置 R,校正右侧车外后视镜位置。

2.车外后视镜的折叠

用遥控器闭锁车门时,后视镜折叠;解锁车门时,后视镜打开。用遥控器解锁车辆,后视镜打开如图 5-7 所示。

图 5-7　用遥控器解锁车辆,后视镜打开

进入驾驶室内,通过折叠开关控制后视镜折叠与后视镜打开。用折叠开关控制后视镜折叠,如图 5-8 所示。

图 5-8　用折叠开关控制后视镜折叠

用无钥匙进入方式闭锁车门时,后视镜折叠;解锁车门时,后视镜打开。

提示:用自动洗车机清洗轿车时,必须将车外后视镜收折起来。切勿用手翻开或收折电动车外后视镜,否则,可能损坏车外后视镜电机。

3. 后视镜加热

后视镜加热开关如图 5-5(b)所示,将旋钮拧至加热位置即可打开车外后视镜加热器。
注意: 迈腾 B7L 轿车环境温度低于 20℃时,加热器方起作用。

4. 识读车后视镜电路图

大众迈腾 B7L 后视镜(局部)电路图,如图 5-9 所示。

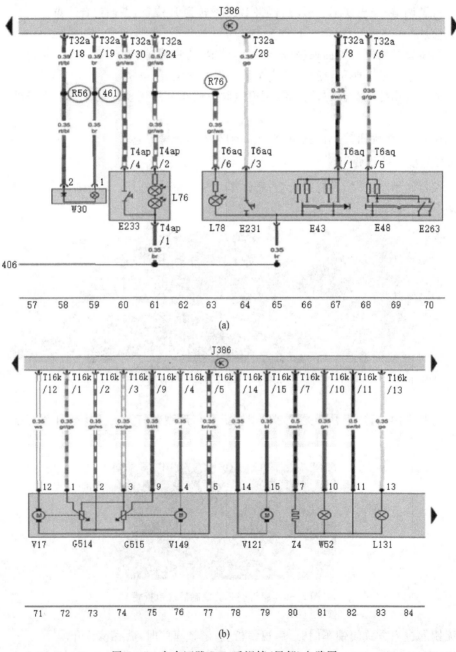

图 5-9 大众迈腾 B7L 后视镜(局部)电路图

大众迈腾 B8L 后视镜(局部)电路图,如图 5-10 所示。

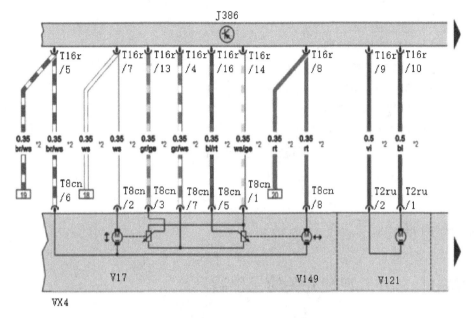

图 5-10 大众迈腾 B8L 后视镜(局部)电路图

无记忆后视镜电机(局部)电路图,如图 5-11 所示。

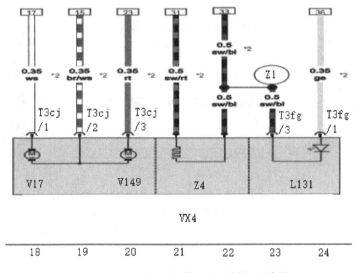

图 5-11 无记忆后视镜电机(局部)电路图

电路图注释如下:
J386 为驾驶员侧车门控制单元;
L131 为驾驶员侧外后视镜警告灯泡;
T2ru 为 2 芯插头连接;
T3cj 为 3 芯插头连接;

T3fg 为 3 芯插头连接；
T8cn 为 8 芯插头连接；
T16r 为 16 芯插头连接；
VX4 为驾驶员侧车外后视镜；
V17 为驾驶员侧后视镜调节电机 2；
V121 为驾驶员侧后视镜内折电机；
V149 为驾驶员侧后视镜调节电机；
Z4 为驾驶员侧可加热车外后视镜；
Z1 为连接 1,在后视镜调节-后视镜加热导线束中；
＊为已预先布线的部件；
＊2 表示依汽车装备而定。

技能训练

技能训练 1　车外后视镜开关的元件测量

1.后视镜调节开关、线路

迈腾 B7L 后视镜调节开关与驾驶员侧车门控制单元 J386 之间的线路（局部）图,如图 5-12 所示。

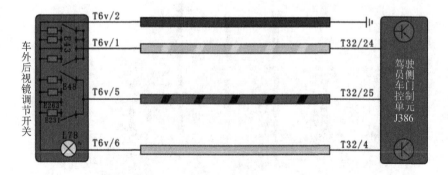

E43—后视镜调节开关；E48—后视镜调节转换开关；
E231—车外后视镜加热按钮；E263—后视镜内折开关。
图 5-12　迈腾 B7L 后视镜调节开关与驾驶员侧车门控制单元 J386 之间的线路（局部）图

2.测量后视镜调节开关、信号线路、门控制单元

1）训练目标
①了解后视镜调节开关、门控制单元 J386 拆装的注意事项。
②掌握示波器、万用表等专用工具的正确使用。
③学会后视镜调节开关、J386 门控制单元、线路的测量方法。
2）测量内容

①E48 信号线路测量(示波器显示波形图)。
②E48 开关自身元件检测(万用表测量电阻)。
③E43 信号线路测量(示波器显示波形图,万用表测量电阻)。
④E43 开关自身元件检测(万用表测量电阻)。
⑤J386 门控制单元供电、接地的测量(万用表测量电阻)。
3)资源配置
①设备:迈腾 B7L/B8L 轿车。
②工具:208 接线盒、世达电工工具 150 件套、高阻抗万用表、车用示波器等。
③材料:尼龙布。
扫描任务 5 二维码,学习车外后视镜开关的元件测量操作。

技能训练 2　车外后视镜调节电机及相关线路的测量

1.驾驶员侧后视镜驱动线路

迈腾 B8L 驾驶员侧后视镜驱动线路(局部)线路图,如图 5-13 所示。

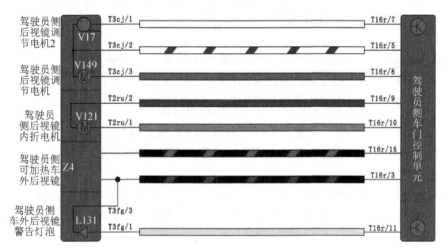

图 5-13　迈腾 B8L 驾驶员侧后视镜驱动线路(局部)线路图

2.测量后视镜调节电机、线路及门控制单元

1)训练目标
①了解后视镜调节电机、后视镜总成拆装的注意事项。
②掌握示波器、万用表等专用工具的正确使用方法。
③学会后视镜调节电机、J386 门控制单元、线路的测量方法。
2)测量内容
①电机线路测量(用万用表测量电压)。
②电机自身元件检测(用万用表测量电阻)。
③J386 门控制单元供电、接地的测量(示波器显示波形图,用万用表测量电阻)。

3)资源配置

①设备:迈腾 B7L/B8L 轿车。

②工具:208 接线盒、世达电工工具 150 件套、高阻抗万用表、车用示波器等。

③材料:尼龙布。

扫描任务 5 二维码,学习车外后视镜调节电机及相关的线路测量操作。

 任务拓展

学习倒车时调出设定的前排乘员侧车外后视镜倾俯位置。

1.设定和储存前排乘员侧车外后视镜倒车倾俯位置

设定和储存前排乘员侧车外后视镜倒车倾俯位置的具体操作步骤如下:

①选定一把有效轿车钥匙储存该设定。

②用该钥匙开启轿车。

③打开电子驻车制动器。

④打开点火开关。

⑤挂入空挡。

⑥通过"设置-舒适功能"菜单激活"车外后视镜倾俯"功能。

⑦挂入倒挡。

⑧调整前排乘员侧车外后视镜,使之能清晰反映车后路缘景像。

⑨系统自动储存设定的该后视镜位置,并将该设定分配给开启轿车的钥匙。

2.倒车时调出设定的前排乘员侧车外后视镜倾俯位置

倒车时调出设定的前排乘员侧车外后视镜倾俯位置的具体操作步骤如下:

①将车外后视镜调整旋钮拧至调整前排乘员侧车外后视镜的位置。

②打开点火开关,挂入倒挡。

③当车速超过 15 km/h 或将车外后视镜调整旋钮自前排乘员侧后视镜调整位置拧至其他位置时,前排乘员侧车外后视镜即自倒车倾俯位置恢复到正常行驶位置。

 思考与练习

1.电动后视镜出现故障后是否允许手动调节?

2.夜间行车时,如何使用灯光和调整车内后视镜。

3.完成后视镜总成的分解与装复,并进行电机的检查。

任务6　开、关电动天窗

任务目标

1. 掌握电动天窗的基本组成及功用。
2. 学会正确使用电动天窗。
3. 理解电动天窗的控制原理。
4. 学会用万用表、示波器、诊断仪等工具、仪器检修电动天窗相关故障。
5. 了解电动天窗的防雨功能。

任务资讯

资讯1　电动天窗系统基础知识

1.电动天窗按钮

以大众迈腾 B7L 轿车为例,操作按钮如图 6-1 所示。

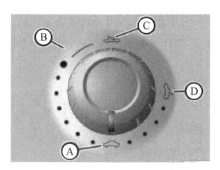

A—关闭天窗;B—天窗方便关闭位置;C—天窗完全打开;D—翻开天窗。

图 6-1　滑动/翻开式天窗旋钮开关

打开点火开关后,滑动/翻开式天窗方能工作。

操作按钮处于 A 位置,关闭天窗;处于 A~B 之间,天窗开启不同开度;按钮转到 B 位置,为天窗方便关闭位置;转到 C 位置,天窗完全打开;处于 A~D 之间位置时,外翻不同开度;处于 D 位置,翻开天窗。

关闭点火开关后,短时间内若未打开驾驶员侧车门和前排乘员侧车门,则仍可用旋钮开关操控滑动/翻开式天窗。

2.滑动天窗遮阳板

滑动/翻开式天窗打开时,天窗遮阳板随天窗一起打开,关闭天窗时,可用手推合遮阳板。

3.方便关闭功能

用轿车钥匙可在车外关闭滑动/翻开式天窗,具体操作方法如下:

①按住轿车钥匙上的闭锁按钮,即可关闭滑动/翻开式天窗。

②松开闭锁按钮,方便关闭功能随即中断。

方便关闭过程中,系统先关闭车窗,然后再关闭滑动/翻开式天窗。

用"设置-舒适功能-车窗舒适设置"菜单可对电动车窗和滑动/翻开式天窗的工作模式作多种设定。

注意:用方便关闭功能在车外关闭天窗时,若天窗旋钮开关处在某个开启位置,则下次行驶时必须重新设定开关位置。

4.天窗的防夹功能

迈腾B7L轿车的滑动/翻开式天窗具有防夹功能,关闭天窗时该功能可防止天窗致人受伤。关闭天窗时,若因天窗受阻而不能关闭,天窗将自动打开。遇此情况应尽快查明天窗不能顺畅关闭的原因,然后再次尝试关闭天窗。

若关闭时天窗运动仍受阻,天窗将停在受阻位置,然后尝试在无防夹功能的情况下关闭滑动/翻开式天窗。

5.在无防夹功能的情况下关闭滑动/翻开式天窗

将旋钮开关拧至位置A,如图6-1所示,然后按住开关前端则滑动/翻开式天窗可在无防夹功能的情况下完全关闭。

如按上述方法操作仍无法关闭天窗,则必须到特许经销商处检修滑动/翻开式天窗。

注意:用轿车钥匙的方便关闭功能关闭车窗和天窗时,防夹功能同时被激活。

资讯2　汽车电动天窗控制原理

扫描任务6二维码提供原理图。

1.迈腾B7L轿车的电动天窗控制原理

迈腾B7L轿车的电动天窗控制原理简图如图6-2所示。以迈腾B7L轿车为例,对电动天窗的控制原理描述如下:

驾驶员进入车内,关闭左前门,打开点火开关D9;通过T16o/14和T52c/14为J527和J519通供15#电源信号(如果是一键启动的车,按启动按钮E378,通过J965、J519提供15#上电,仪表系统控制单元J285正常工作),同时唤醒舒适系统控制单元J393、舒适CAN总线和J533网关等。

当转动E325和E139使调节器处于如图6-1所示的不同位置时,J245滑动天窗控制单元接受并识别出驾驶员开启天窗的意愿信号,J245驱动电机V1工作,通过机械传动开启天窗及外翻到相应位置。如果电动天窗系统发生故障,通过LIN线T6ab/6、T32c/9传送到J285仪表板控制单元的故障指示灯亮,同时会生成相应的故障代码,存储到网关J533。

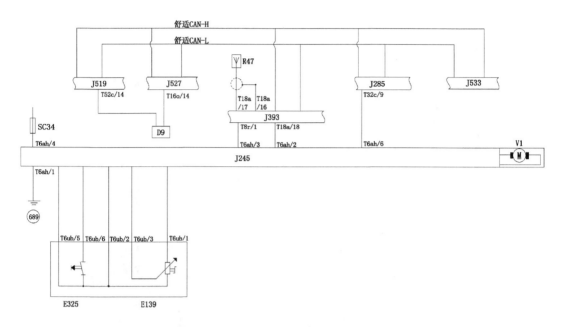

J245—滑动天窗控制单元；J285—仪表板控制单元；J393—舒适系统控制单元；
J519—车载电网控制单元；J527—转向柱控制单元；J533—网关；E139—滑动天窗调节器；
E325—滑动天窗按钮；V1—电动天窗电机。

图 6-2　迈腾 B7L 轿车的电动天窗控制原理简图

迈腾 B7L 轿车电动天窗可在车外用轿车钥匙打开和关闭，具体操作方法如下：

① 按住轿车钥匙上的闭锁或开锁按钮，天线 R47 接受钥匙的信号并发送给舒适系统控制单元 J393，J393 发出控制指令，通过 T8r/1 和 T18a/18 传给 J245，J245 驱动电机 V1 工作，即可同时打开或关闭所有车窗及滑动/翻起式天窗。

② 松开闭锁或开启按钮，方便打开和关闭功能随即中断。

方便关闭轿车时，系统先关闭车窗，然后再关闭滑动/翻起式天窗。

用"设置-舒适功能"菜单可对电动车窗的工作模式作多种设定，具体参见迈腾 B7L 使用手册。

2. 识读维修手册电路图

迈腾 B7L 维修手册中，滑动天窗控制单元、天窗按钮、天窗调节器局部电路图，如图 6-3 所示。

迈腾 B8L 维修手册中，滑动天窗按钮、滑动天窗控制单元、数据总线诊断接口局部电路图，如图 6-4 所示。

滑动天窗电机、滑动天窗控制单元局部电路图，如图 6-5 所示。

天窗卷帘按钮、滑动天窗控制单元、滑动天窗卷帘电机局部电路图，如图 6-6 所示。

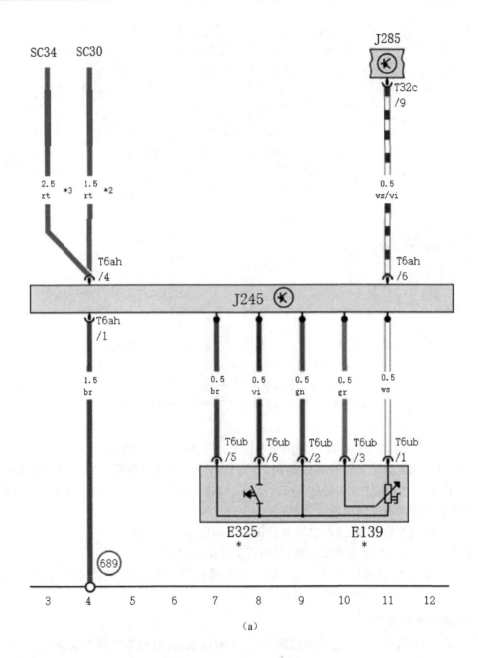

(a)

任务 6 开、关电动天窗

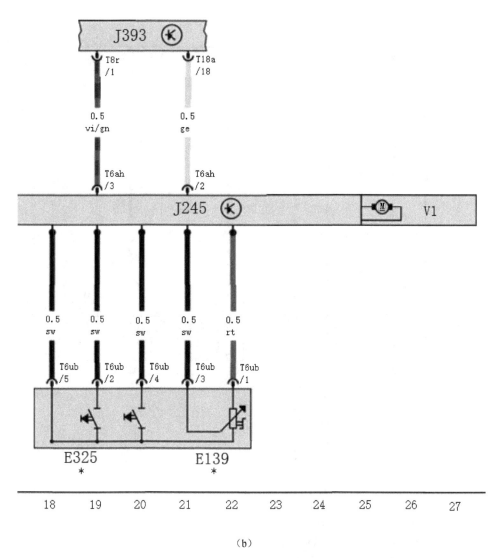

(b)

J245—滑动天窗控制单元；J285—仪表板控制单元；J393—舒适系统控制单元；
E139—滑动天窗调节器；E325—滑动天窗按钮；V1—电动天窗电机。

图 6-3 迈腾 B7L 滑动天窗调节器、按钮和控制单元局部电路图

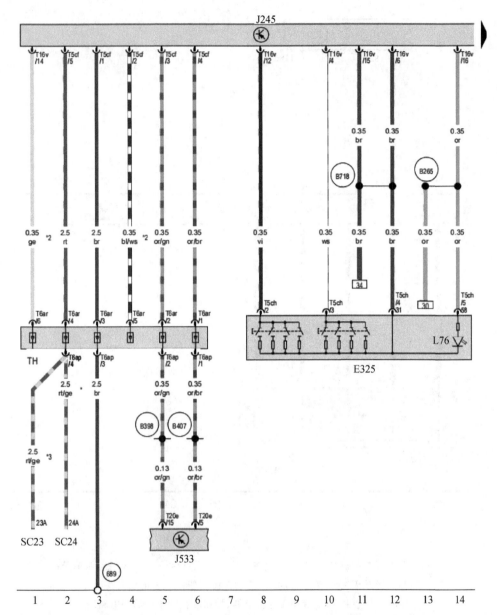

E325—滑动天窗按钮；J245—滑动天窗控制单元；J533—数据总线诊断接口；L76—按钮照明灯泡；
SC23—保险丝架 C 上的保险丝 23；SC24—保险丝架 C 上的保险丝 24。

图 6-4　迈腾 B8L 滑动天窗按钮、滑动天窗控制单元、数据总线诊断接口局部电路图

任务6　开、关电动天窗

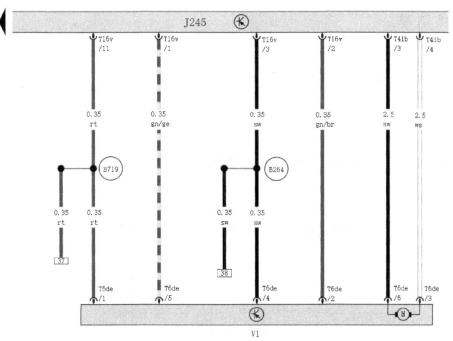

V1—滑动天窗电机；J245—滑动天窗控制单元。

图6-5　滑动天窗电机、滑动天窗控制单元局部电路图

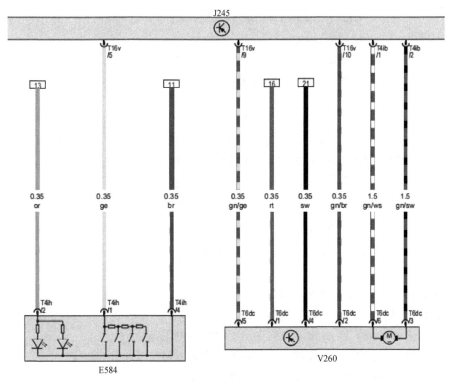

E584—天窗卷帘按钮；J245—滑动天窗控制单元；V260—滑动天窗卷帘电机。

图6-6　天窗卷帘按钮、滑动天窗控制单元、滑动天窗卷帘电机局部电路图

技能训练

技能训练 1　电动天窗总成的拆装

扫描任务 6 二维码观看视频。

技能训练 2　电动天窗控制开关信号的检测

1.迈腾 B7L 轿车电动天窗控制开关的元件检测

迈腾 B7L 轿车电动天窗控制开关 E325 和 E139 简图如图 6-7 所示。

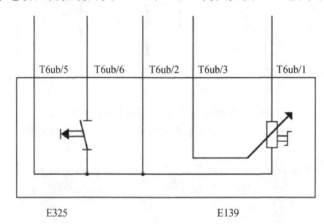

图 6-7　迈腾 B7L 天窗开关 E325 和 E139 简图

检查内容：

①测量 E325 的 T6ub/6 端对地电压，T6ub/3 端对地电压，T6ub/1 端对地电压。
②检测按钮 E325 的 T6ub/6 端与 T6ub/5 端之间电阻值。
③检测按钮 E139 的 T6ub/3 端与 T6ub/2 端之间电阻值。
④检测按钮 E139 的 T6ub/2 端与 T6ub/1 端之间电阻值。

2.E325 元件检测与开关信号检测

以迈腾 B8L 轿车滑动天窗开关 E325 为例，如图 6-8 所示。
检查内容：
①测量 E325 的 T5ch/2 端对地电压。
②测量 E325 的 T5ch/3 端对地电压。
③检测按钮 E325 的 T5ch/2 端与 T5ch/4 端之间电阻值。
④检测按钮 E325 的 T5ch/3 端与 T5ch/4 端之间电阻值。
⑤检测按钮 E325 的 T5ch/4 端线路对地的导通性。

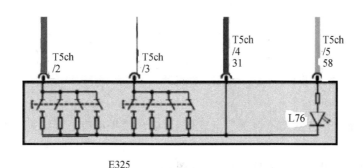

图 6-8　迈腾 B8L 天窗开关 E325

技能训练 3　电动天窗电机控制线路测量

迈腾 B8L 车窗电机控制线路简图如图 6-9 所示。迈腾 B8L 轿车的电动天窗电机控制线路测量参见图 6-5。

①不拔插头,调节 E325,测量电机 V1 的 T6de/6 端和 T6de/3 端之间电压,若显示"0 V",电机不转,则线路异常。

②测量天窗电机的 T6de/6 端、T4ib/3 端对地电压,如果都是"0 V",没有变化,说明故障在测试点之前。

③测量 J325 的 T4ib/3 端和 T4ib/4 端对地电压,如果显示"电源电压"约为 12.46 V,则故障时双线断路。

④测量 T6de/3 端与 T4ib/4 端之间的电阻值,显示"1"为断路;测量 T6de/6 端与 T4ib/3 端之间的电阻值,显示"1"为断路。

⑤测量天窗电机的 T6de/6 端对地电压,如果显示"电源电压→电源电压",T6de/3 端对地电压显示"电源电压→电源电压",则电机有故障。

⑥检测天窗电机电阻(电机自身检测)、测量天窗电机的 T6de/6 端和 T6de/3 端之间电阻值,显示"1"为断路,小于 0.5 Ω 为正常。

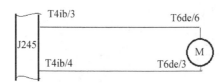

图 6-9　迈腾 B8L 电动天窗电机控制线路简图

任务拓展

电动天窗的应急关闭

当通过按钮及方便方法均不能关闭天窗时,可以采用手动应急方法关闭天窗,具体操作步骤如下:

①在车内顶篷上沿箭头方向拆下盖板,如图 6-10 所示。
②将 4 mm 商用六角扳手插入螺栓的内六角头 A 处,如图 6-11 所示。
③旋转扳手即可关闭天窗。
④装上盖板。
⑤手动关闭滑动/翻开式天窗后应到特许经销商处检查滑动/翻开式天窗,因为手动关闭滑动/翻开式天窗可能影响天窗功能及防夹功能。

图 6-10 从车内顶篷上拆卸盖板

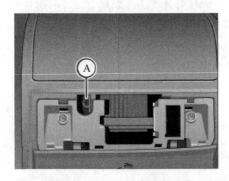

图 6-11 用手关闭滑动/翻开式天窗的内六角头螺栓

思考与练习

1. 迈腾 B7L 轿车天窗开、关信号是怎样生成的?
2. 如果轿车发生电动天窗不能关闭的故障,请尝试写出排除故障思路。

任务 7 开启行李厢盖

任务目标

1. 学会使用不同方法开启行李厢盖。
2. 理解控制行李厢盖的开启与关闭的工作原理。
3. 学会用万用表、示波器、诊断仪等工具、仪器检测行李厢盖相关的开关、线路的方法。

任务资讯

资讯 1 开启行李厢盖的几种常用方法

在日常车辆使用中,行李厢盖的开启方法一般有机械钥匙开启、遥控器按键开启、驾驶员侧遥控开关(E233)开启、车标或尾门拉手(E234)开启,在高配车上还可以通过传感器抬脚感应开启和应急开启。

这里以大众迈腾 B7L 轿车为例,主要学习遥控器按键开启、驾驶员侧遥控开关(E233)开启、车标或尾门拉手(E234)开启的控制原理。

资讯 2 遥控器控制行李厢盖开启的控制原理

大众迈腾 B7L 轿车可以通过按压遥控器行李厢盖开启键开启行李厢盖,如图 7-1 所示。

遥控器按钮开关控制行李厢盖开启线路图如图 7-2 所示。按压遥控器行李厢盖开启键,遥控器发出行李厢盖开启信号,由天线 R47 接收遥控器行李厢盖开启信号,并传送给舒适系统控制单元 J393,J393 识读行李厢盖开启意愿,控制 T18a/14 供电,由 T3as/3 端进入,过电机 V53,在 T3a/2 端接地,构成回路,驱动(F256 行李厢闭锁单元)中控闭锁电机 V53 工作,开启行李厢盖。

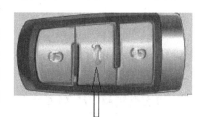
图 7-1 遥控器按钮开关控制行李厢盖开启

行李厢盖开启,F5 闭合,过 T3as/1 端和 T3as/2 端接地,W3 灯亮。此时,仪表板上图标行李厢盖部分变白。

行李厢盖关闭,F5 打开,J393 的 T18a/15 端有 12 V 电压,W3 二极管截止,W3 灯不亮。此时,仪表板上图标行李厢盖部分由白变空。

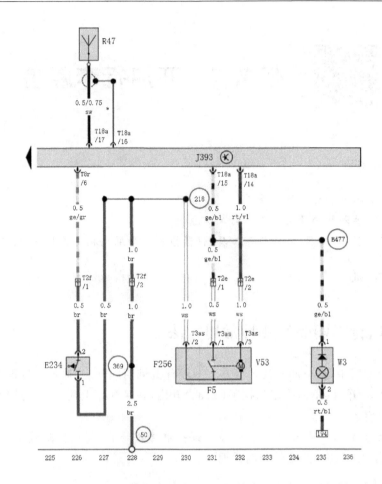

R47—信号接收天线;J393—舒适/便捷系统的中央控制单元;F256—后行李厢盖闭锁单元;
V53—后舱盖中中央门锁电机;F5—行李厢照明开关;W3—行李厢照明灯;
E234—尾门把手中的解锁按钮。

图 7-2　遥控器按钮开关控制行李厢盖开启线路图

资讯 3　驾驶员侧 E233 开关开启行李厢盖的控制原理

以大众迈腾 B7L 轿车为例,驾驶员通过 E233 行李厢盖开关开启行李厢盖,如图 7-3 所示。驾驶员推开左前门,用手指拉 E233 开关,行李厢盖即可开启。

如图 7-4 所示,驾驶员侧行李厢开启开关键 E233 是常开开关,正常时(即不操作开关时),由 J386 的 T32a/30 端至 T4ap/4 端的信号是方波,操作时,开关使线路接地,方波变成 0 电位直线。按压 E233 时,J386 接收此信号,并将信息通过舒适 CAN 总线传送给舒适系统控制单元 J393,J393 控制 T18a/4 供电,驱动(F256 行李厢闭锁单元)中控闭锁电机 V53 工作,开启行李厢盖。行李厢盖开启,F5 闭合,过 T3as/1 端和 T3as/2 端接地,W3 灯亮,此时,仪表板上图标行李厢盖部分变白;行李厢盖关闭,F5 打开,J393 的 T18a/15 端有 12 V 电压,W3 二极管截止,W3 灯不亮。

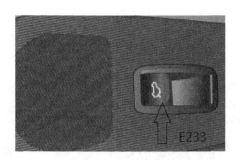

图7-3 驾驶员侧行李厢开关E233

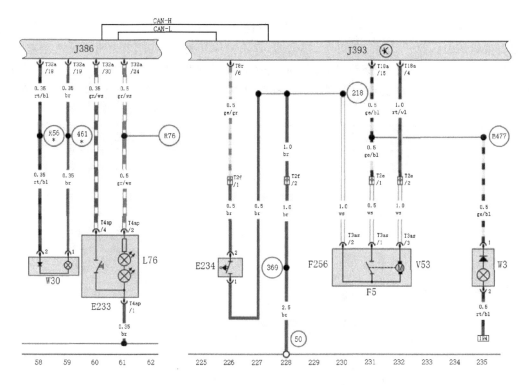

E233—驾驶员侧行李厢开关；J386—驾驶员侧车门控制单元；J393—舒适/便捷系统的中央控制单元；
F256—后行李厢盖闭锁单元；V53—后舱盖中央门锁电机；F5—行李厢照明开关；W3—行李厢照明灯；
E234—尾门把手中的解锁按钮。

图7-4 驾驶员侧E233开关控制行李厢盖开启线路图

对于没有E233的车辆，如出租车，一般通过关闭点火开关或推开左前门，即可打开行李厢盖。

资讯4 行李厢车标或尾门开启的控制原理

以大众迈腾B7L轿车为例，在车辆解锁状态下，行李厢盖处于安全锁止状态，此时通过车标或者尾门拉手是不能开启的。可以通过按压遥控器解锁键，解锁车辆后，再通过按压车标的方式开启行李厢盖,如图 7-5 所示。

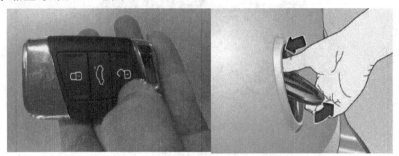

图 7-5 按压车标开启行李厢盖

车标开关 E234 控制行李厢盖开启线路图如图 7-6 所示。操作行李厢盖车标或尾门把手开启开关键 E234,此开关是常开开关,正常时(即不操作开关时),由 J393 的 T8r/6 端至 E234 开关插头 2 号针脚的信号为齿型波,操作时,开关使线路接地,波型变成 0 电位直线。按压车标或尾门把手,J393 接收到此信号,控制 T18a/4 供电,驱动(F256 行李厢闭锁单元)中控闭锁

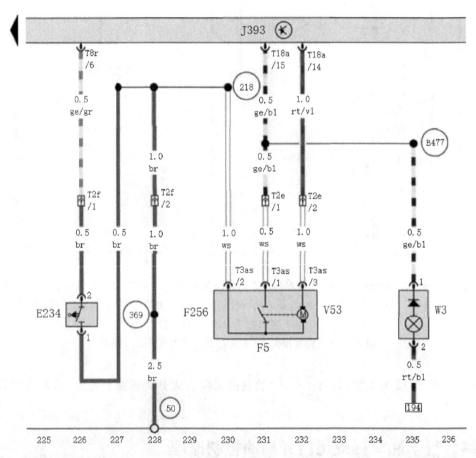

E234—尾门把手中的解锁按钮;J393—舒适/便捷系统的中央控制单元;F256—后行李厢盖闭锁单元;
V53—后舱盖中央门锁电机;F5—行李厢照明开关;W3—行李厢照明灯。
图 7-6 车标开关 E234 控制行李厢盖开启线路图

电机 V53 工作,开启行李厢盖。行李厢盖开启,F5 闭合,过 T3as/1 端和 T3as/2 端接地,W3 灯亮,此时,仪表板上图标行李厢盖部分变白;行李厢盖关闭,F5 打开,J393 的 T18a/15 端有 12 V 电压,W3 二极管截止,W3 灯不亮。

注意:如果通过遥控器车门闭锁键闭锁车辆,此时在外面通过行李厢盖车标或把手开启将不能开启行李厢盖。

资讯 5　抬脚感应开启及应急开启的控制原理

在高配的迈腾 B7L 轿车中可以选配抬脚感应开启行李厢盖功能,主要是方便在购物或携带较多物品,双手被占用时,无法通过上述 3 种方式开启行李厢盖的情况下,通过抬脚感应来实现开启行李厢盖的目的。

扫描任务 7 二维码看本资讯视频。

资讯 6　迈腾 B7L 轿车的行李厢盖控制原理

扫描任务 7 二维码观看本资讯视频。

迈腾 B7L 轿车的 E234 开关行李厢盖控制原理,如图 7-7 所示。

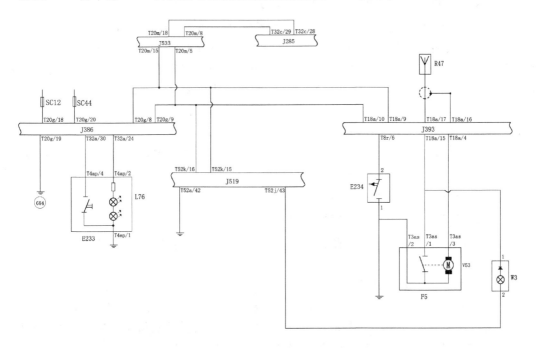

E234—尾门把手中的解锁按钮;F5—行李厢照明开关;F256—后行李厢盖闭锁单元;
J393—舒适/便捷系统的中央控制单元;V53—后舱盖中央门锁电机;W3—行李厢照明灯。
图 7-7　迈腾 B7L 轿车的行李厢盖控制原理简图

以迈腾 B7L 轿车为例,同时参见图 6-5 对行李厢盖开启的控制原理描述如下:
驾驶员进入车内,关闭左前门,打开点火开关 D9;通过 T16o/14 和 T52c/14 为 J527 和

J519 通供 15♯电源信号(按启动按钮 E378,通过 J965、J519 提供 15♯上电,仪表系统控制单元 J285 正常工作),同时唤醒舒适系统控制单元 J393、舒适 CAN 总线和 J533 网关等,即可进行舒适系统各项功能的使用操作。

如果车辆处于休眠状态,开启左前门,唤醒舒适 CAN 总线,按压 E234 开关,如图 7-7 所示,正常时(即不操作开关时),由 J393 的 T8r/6 端至 E234 开关插头 2 号针脚的信号为齿型波,操作时,开关使线路接地,波型变成 0 电位直线。J393 接收到此信号,控制 T18a/4 供电,驱动(F256 行李厢闭锁单元)中控闭锁电机 V53 工作,开启行李厢盖。行李厢盖开启,F5 闭合,过 T3as/1 端和 T3as/2 端接地,W3 灯亮,此时,仪表板上图标行李厢盖部分变白;行李厢盖关闭,F5 打开,J393 的 T18a/15 端有 12 V 电压,W3 二极管截止,W3 灯不亮。

如果行李厢盖开启系统发生故障,信号通过 CAN 总线传送到 J285 仪表板控制单元,故障指示灯亮,同时,会生成相应的故障代码,存储到网关 J533。

 技 能 训 练

技能训练 1　行李厢盖控制开关信号的检测

1.迈腾 B7L 轿车的行李厢闭锁单元 F256 的检查

迈腾 B7L 行李厢闭锁单元 F256 的线路简图同图 7-6。检查内容如下:

①用万用表测量。测量 T3as/3、T3as/2、T3as/1 位置电压,正常时的标准值为:T3as/3 为 0 V,T3as/2 为 0 V,T3as/1 约 12.6 V。操作开关 E234,测量值分别为:T3as/3 由 0 V→瞬时电源(+B)电压→0 V;T3as/2 由 0 V→0 V;T3as/1 由电源电压 12.6 V→0 V。与上述数据不同则认为有故障。

②线路检查。测量 T18a/4 端与 T3as/3 端之间的电阻值接近于"0"Ω,显示"1"表示断路。

③电机 V53 检查。测量 T3as/3 端与 T3as/2 端之间的电阻值,正常为 2 Ω 以下,显示"0"表示正常,显示"1"表示电机断路。测量 T3as/2 端与接地点之间的电阻值,正常为 2 Ω 以下,显示"0"表示正常,显示"1"表示断路。

2.完成 E233 元件检测与开关信号检测

以迈腾 B7L 行李厢驾驶员侧开关 E233 为例,局部电路简图如图 7-8 所示。检测内容如下:

①不拔插头,打开点火开关,选用示波器测量 E233 的 T4ap/4 端对地电压波形。

②拔下插头,进行 E233 开关元件检测。检查按钮 E233 的 T4ap/1 端与 T4ap/4 端之间的电阻值,因 E233 是常开开关,不按时测量值显示"1",按下开关测量值显示"0";检查按钮 E233 的 T4ap/1 端与 T4ap/2 端之间的电阻值,即为开关照明灯电阻值。

③检测按钮 E233 的 T4ap/1 线路对地的导通性。选用万用表的电阻挡,测量值显示"1"为断路,测量值显示"0"为正常。

④线路检查。正常情况下,T32a/30 端和 T4ap/4 端均是方波,如果 T32a/30 端是方波,T4ap/4 端无信号,说明它们之间断路,需要进行线路检查。用示波器检测,不操作 E233,正常时 T4ap/4 端是方波,操作 E233,闭合时 T4ap/4 端是 0 电位直线,其他情况均不正常。用示

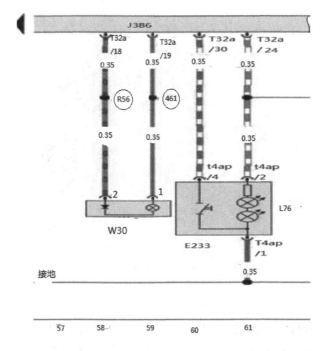

J386—驾驶员侧车门控制单元;W30—驾驶员侧车门警告灯;
E233—行李厢驾驶员侧开关;L76—开关照明灯。

图7-8 迈腾B7L的E233开关局部电路简图

波器检测,不操作E233,正常时J386的T32a/30端是方波,操作E233,闭合时T32a/30端是0电位直线,其他情况均不正常。如果T32a/30端无信号,说明故障在J386。

⑤CAN-H和CAN-L波形测量。

⑥行李厢盖车标或把手E234开启。

⑦线路检查。测量T8r/6端与E234的2号针脚之间的电阻,"1"表示断路,"0.01"表示正常。

⑧E234开关检查。通过万用表测量1号与2号针脚之间的电阻,"1"表示E234断路,"0.01"表示正常。

技能训练2 行李厢盖内饰板的拆装

行李厢盖内饰板的拆装请扫描任务7二维码观看视频。

 任务拓展

行李厢盖的应急开启

当通过遥控器按钮、驾驶员侧开关E233、尾门车标或把手及感应开关均不能开启行李厢盖时,可以采用手动应急方法开启行李厢盖,具体操作步骤如下:

①开启后车门。
②用手按后排座椅分离按钮,如图7-10所示,向前折座椅靠背。

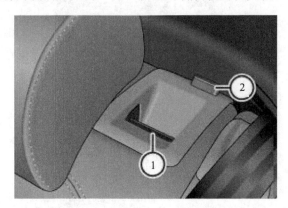

1—分离按钮;2—红色标记。
图7-9 前折或后翻后排座椅

③携带照明装置爬入后行李厢内部。
④找到有行李厢盖图标的盖板,拆下盖板,如图7-10所示。
⑤将手伸入孔内,推动行李厢盖开启操纵杆,行李厢盖即可开启,同时行李厢照明灯亮。

图7-10 应急开启行李厢盖

思考与练习

1.以迈腾B7L轿车驾驶员侧行李厢开关E233开启行李厢盖为例,请尝试画简图说明控制原理。
2.迈腾B7L轿车驾驶员侧行李厢开关E233不能开启行李厢盖,请简要写出该故障的诊断思路。

任务 8　开、关近光灯、远光灯

任务目标

1. 掌握近光灯控制系统的基本组成。
2. 理解近光灯、远光灯的控制原理。
3. 学会用万用表检修近光灯。
4. 了解近光灯、远光灯的合理使用方法。

任务资讯

资讯 1　汽车灯光的发展史

汽车车灯最早使用的是蜡烛,然后逐渐由蜡烛、电石燃气灯、钨丝电灯泡、卤素灯、氙气灯发展到当前的二极管 LED 灯。

扫描任务 8 二维码观看车灯简介视频。

资讯 2　汽车近光灯、远光灯的使用

1. 近光灯

夜间照明,照射范围大,距离近,照射距离约 25～35 m。

使用场景:傍晚、夜间、阴天、雨、雪、雾天等。

提示:在光线不足的环境开启。

2. 远光灯

夜间照明,照射距离远,角度高,照射距离约 80～100 m。

使用场景:没有灯光照明的公路。

提示:两车交会时,请关闭远光灯;近距离跟车时不得使用;在雾、雨、雪、沙尘等低能见度的情况下行驶时不宜使用。

夜间行车时,驾驶员在行驶中可以通过交替变换远近光灯来观察路面的情况。

资讯 3　汽车近光灯、远光灯的控制原理

1. 近光灯、远光灯的控制原理

(1)车灯开关直接控制方式示意图如图 8-1 所示。

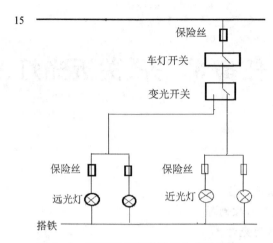

图 8-1 车灯开关直接控制方式示意图

15 电源—保险丝—车灯开关—变光开关—灯组—接地。

点火开关提供的 15 电源,过保险丝,车灯开关,再通过变光开关,接通车辆的近光灯和远光灯组,到接地成回路。灯光工作电流全部通过点火开关及车灯开关等,电火花较大,易损坏各开关。

(2)灯光继电器控制方式,如图 8-2 所示。

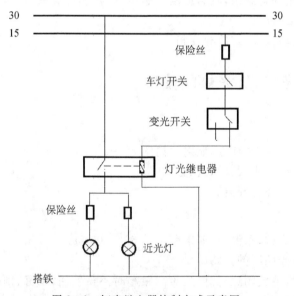

图 8-2 灯光继电器控制方式示意图

15 电源—变光开关—灯光继电器—保险丝—近光灯、远光灯灯组—接地。

一般近光灯通过点火开关(15 电源)控制,远光灯 30 电源供电。灯光继电器由点火开关、车灯开关、变光开关控制。

使用灯光继电器后,由灯光继电器控制 30 常电的大电流进入灯组工作,而由点火开关提供的电流过保险、车灯开关及变光开关,再流过灯光继电器的控制电阻到搭铁构成回路,实现用小电流过开关来控制大电流的灯组,这样可以保护点火开关、车灯开关及变光开关,提高开关的使用寿命。

(3)车载电网控制单元 J519 控制方式示意图如图 8-3 所示。

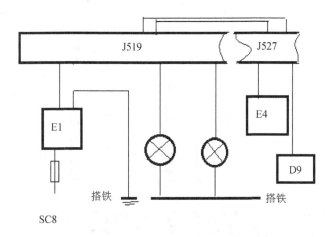

SC8—C 保险盒中 8 号保险;E1—车灯开关;E4—变光开关或者远光灯瞬时接通功能开关;
J519—车载电网控制单元;J527—转向柱装置电子控制单元;D9—电子点火开关。
图 8-3 车载电网控制单元 J519 控制方式示意图

电源—保险丝—车载电网控制单元 J519—近光灯、远光灯灯组—接地。

车载电网控制单元 J519 接收点火开关、光照明暗识别传感器、车灯总开关 E1 和变光开关 E4 等信号实施对近光灯、远光灯的控制。

引用车载电网控制单元 J519 和 CAN 总线后,开关成为一种信号,流经开关的电流小到可以忽略不计,这样可以提高开关的使用寿命,同时简化了线路。

2. 迈腾 B8L 轿车近光灯控制原理

扫描任务 8 二维码提供迈腾 B7L 近光灯、远光灯控制电路图。

迈腾 B8L 轿车近光灯控制原理简图和电路简图如图 8-4 和图 8-5 所示。

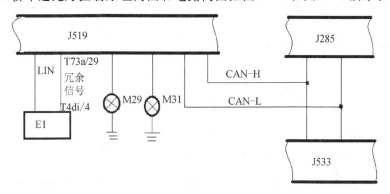

J519—车载电网控制单元;J285—仪表控制单元;J533—网关;
E1—车灯总开关;M29—左侧近光灯;M31—右侧近光灯。
图 8-4 迈腾 B8L 近光灯控制原理简图

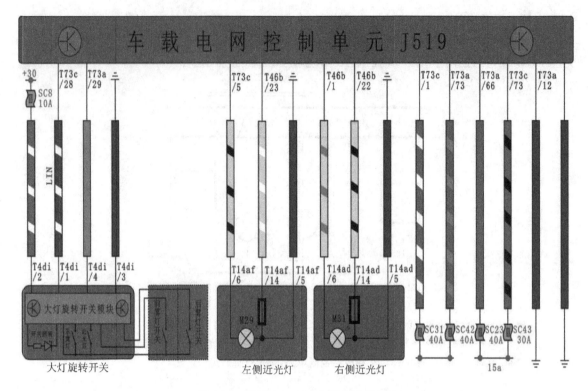

图 8-5　迈腾 B8L 近光灯控制电路简图

驾驶员打开点火开关,将车灯旋转开关转到大灯位置,来自 J519 的 T73a/29 针脚输出的峰值为电源的波形由端子 T4di/4 进入车灯开关搭铁,下拉至 1 V 的冗余信号,反馈给 J519,J519 识别出开启近光灯意愿,为左右近光灯提供电源,近光灯亮。如果有近光灯异常,J519 通过舒适 CAN 总线将故障信息发送给 J533,存储故障码,同时组合仪表控制单元 J285 灯光故障指示灯亮。

3.迈腾 B8L 轿车远光灯控制原理

迈腾 B8L 轿车远光灯控制原理简图和电路简图如图 8-6 和图 8-7 所示。

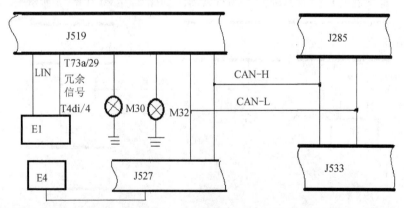

J519—车载电网控制单元;J527—转向柱控制单元;J285—仪表控制单元;J533—网关;
E1—车灯总开关;E4—变光开关;M30—左侧远光灯;M32—右侧远光灯。

图 8-6　迈腾 B8L 远光灯控制原理简图

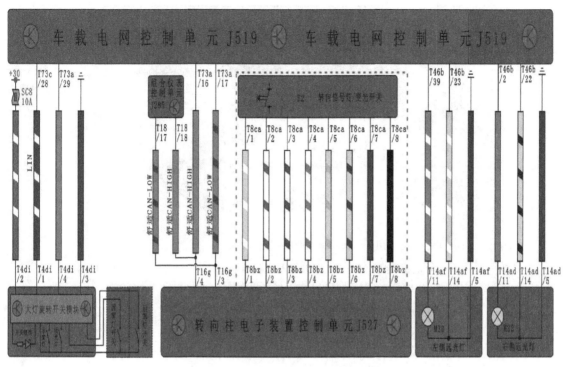

图 8-7 迈腾 B8L 远光灯控制电路简图

未按启动按钮或未打开点火开关时(E1 车灯开关处于初始位置),驾驶员上拨变光开关,J527 识别出急行车信号,并唤醒舒适 CAN 总线及 J519。通过舒适 CAN 总线将急行车信号发送给 J519,J519 为左右远光灯提供瞬时电源,远光灯瞬时点亮,同时 J519 通过舒适 CAN 使组合仪表控制单元 J285 远光指示灯闪亮;当放松变光开关,远光灯及远光指示灯熄灭。如果有灯光异常,J519 通过舒适 CAN 总线将故障信息发送给 J533,存储故障码,同时组合仪表控制单元 J285 灯光故障指示灯亮。

驾驶员打开点火开关,将车灯旋转开关转到大灯位置,T73a/29 针脚输出的峰值为电源的波形由端子 T4di/4 进入车灯开关搭铁,下拉至 1 V 的冗余信号,反馈给 J519;下压变光开关,J527 通过舒适 CAN 总线将远光灯开启信号发送给 J519,J519 识别出开启远光灯意愿,为左右远光灯提供电源,远光灯亮。同时 J519 通过舒适 CAN 总线使组合仪表控制单元 J285 远光指示灯亮。如果有灯光异常,J519 通过舒适 CAN 总线将故障信息发送给 J533,存储故障码,同时组合仪表控制单元 J285 灯光故障指示灯亮。

迈腾 B8L 远光、近光灯总成安装了一个起温度传感器作用的 NTC 电阻,用以监控 LED 温度并相应调节电流供应。

资讯 4 大众恶劣天气灯(CCFB)前照灯工作原理

1.CCFB 前照灯网络结构

大众 CCFB 前照灯网络结构简图如图 8-8 所示。

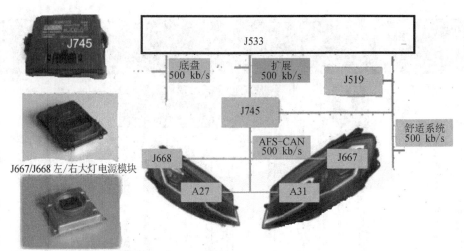

A27—右 LED 大灯电源模块；A31—左 LED 大灯电源模块；J533—数据总线诊断接口（网关）；
J519—车载电网控制单元；J667—左大灯电源模块；J668—右大灯电源模块；
J745—随动转向灯和大灯照明距离调节控制单元。

图 8-8　大众 CCFB 前照灯网络结构简图

2.CCFB 前照灯控制原理

大众 CCFB 前照灯控制原理简图如图 8-9 所示。

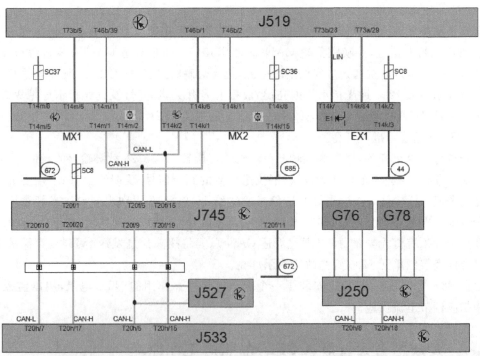

J519—车载电网控制单元；J745—随动转向灯和打灯照明距离调节控制单元；J527—转向柱电子控制单元；
J250—电子调节减震系统控制单元；J533—网关；MX1—大灯模块；MX2—大灯模块；
G76—左后车身水平传感器；G78—左前车身水平传感器。

图 8-9　大众 CCFB 前照灯控制原理简图

①车灯开关 EX1 信号传递到 J519 中,J519 通过舒适 CAN 总线将该信号传递到 J745 中,J745 通过自适应前照灯通信(AFS CAN)总线与前大灯进行通信,点亮相应灯光。如果是在大灯、自动大灯状态时,J519 会有一个正电供给输出到两前大灯(驻车灯/日间行车灯供电也是由 J519 提供)。

②转向灯开关将信号传递到 J527,J527 通过舒适 CAN 总线将该信号传递到 J745 中,J745 通过 AFS CAN 总线与前大灯进行通信,点亮转向灯。

③同时还会有相应的雨滴光强传感器的光强信号(J519 通过 LIN 线识别)、车身高度传感器信号(J250 识别,通过 CAN 总线传递到 J745 中)。

3.前部灯光的输入、输出控制

前照灯可以分为 3 部分:输入信号、控制单元、输出元件。

前照灯的输入信号包括:车灯开关 EX1 信号;方向盘转角信号;车身高度传感器信号;光照识别传感器信号;转向开关信号;应急开关(双闪)信号;远光/超车信号。其中,光照识别传感器增加了红外线识别功能。

工作过程:

①大灯模块 MX1/MX2 共有 6 根线,分别为 2 根总线、3 个供电线(56b、30 电、15 电)、1 个接地线。

②车灯开关 EX1 信号传递到 J519 中,J519 通过舒适 CAN 总线将该信号传递到 J745 中,J745 通过 AFS CAN 总线与前大灯进行通信,点亮相应灯光。

③转向灯开关将信号传递到 J527 中,J527 通过舒适 CAN 总线将该信号传递到 J745 中,J745 通过 AFS CAN 总线与前大灯进行通信,点亮转向灯。

④同时还会有相应的雨滴光强传感器的光强信号(J519 通过 LIN 线识别)、车身高度传感器信号(通过总线进行传递)。

⑤如果车辆装备自适应底盘系统(DCC),则车身高度传感器信号直接传递给 J250,否则该信号传递给 J519,然后通过总线传递,用于灯光高度的自动调整。

查询电路图用底盘号:LFVxxxxxxxxxxx757,其中,T14m/11 是车载电网输出的 15 电;T14m/6 大灯点亮时有电(灯开关控制)。

4.识读车灯开关 E1(局部)电路图

大众迈腾 B7L 灯开关 E1 与车载电网控制单元 J519 之间的(局部)电路图如图 8-10 所示。

大众迈腾 B7L 左前大灯 MX1,右前大灯 MX2 与车载电网控制单元 J519 之间的(局部)电路图,如图 8-11 所示。

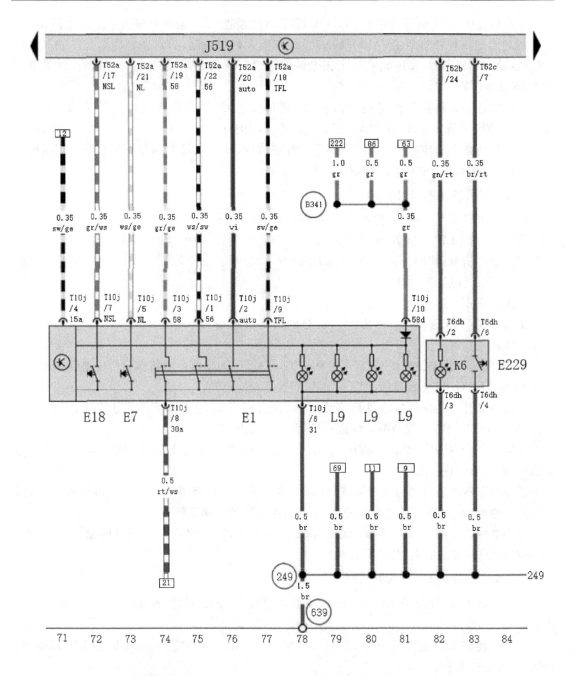

E1—车灯开关；E7—前雾灯开关；E18—后雾灯开关；E229—警报灯开关；J519—车载电网控制单元；K6—闪烁警报装置指示灯；L9—大灯开关照明灯泡；T6dh—6芯插头连接；T10j—10芯插头连接；T52a—52芯插头连接；T52b—52芯插头连接；T52c—52芯插头连接；249—接地连接2，在车内导线束中；639—接地点，在左侧A柱上；B341—连接2(58d)，在主导线束中。

图8-10 迈腾B7L车灯开关E1与车载电网控制单元J519之间的线路图

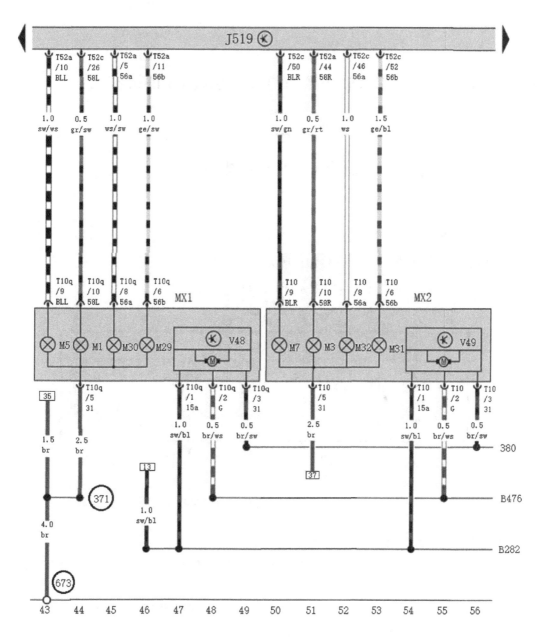

J519—车载电网控制单元；MX1—左前大灯；MX2—右前大灯；M1—左侧停车灯灯泡；
M3—右侧停车灯灯泡；M5—左前转向信号灯灯泡；M7—右前转向信号灯灯泡；
M29—左侧近光灯灯泡；M30—左侧远光灯灯泡；M31—右侧近光灯灯泡；
M32—右侧远光灯灯泡；V48—左侧大灯照明距离调节伺服电机；
V49—右侧大灯照明距离调节伺服电机。

图 8-11 迈腾 B7L 左前大灯、右前大灯总成与车载电网控制单元 J519 之间的线路图

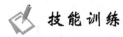 技能训练

技能训练 1　迈腾 B7L 轿车的车灯开关总成 E1 的拆装

扫描任务 8 二维码观看操作视频。

技能训练 2　车灯开关总成 E1 的元件测量

扫描任务 8 二维码观看操作视频。

1. E1 开关自身元件检查与线路

①迈腾 B7L 车灯开关 E1 元件检测简图如图 8-12 所示。

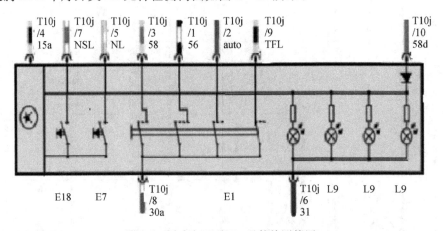

图 8-12　车灯开关 E1 元件检测简图

万用表选择电阻蜂鸣挡,检查内容如下:

0 挡位:测量 T10j/8 端与 T10j/9 端之间电阻,显示接近于"0.00"且伴有蜂鸣声,正常;如果显示"1"且没有蜂鸣声,断路,异常。

AUTO:测量 T10j/8 端与 T10j/2 端之间电阻,显示接近于"0.00"且伴有蜂鸣声,正常;如果显示"1"且没有蜂鸣声,断路,异常。

小灯:测量 T10j/8 端与 T10j/3 端之间电阻,显示接近于"0.00"且伴有蜂鸣声,正常;如果显示"1"且没有蜂鸣声,断路,异常。

大灯:测量 T10j/8 端与 T10j/1 端之间电阻,显示接近于"0.00"且伴有蜂鸣声,正常;如果显示"1"且没有蜂鸣声,断路,异常。

开关照明灯 L9:测量 T10j/10 端与 T10j/6 端之间电阻,显示一定数值的电阻,正常;如果显示"1"且没有蜂鸣声,断路,异常。

②车灯开关 E1 至 J519 线路检测。

2.不拆插头,测量近光灯供电与搭铁之间电压

①打开点火开关,E1 置于大灯挡:T10q/6 端与 T10q/5 端之间的电压为蓄电池电压,如"0 V→12.5 V"(数值为蓄电池电压)。

②打开点火开关,E1 置于大灯挡:T10/6 端与 T10/5 端之间的电压为蓄电池电压,如"0 V→12.5 V"。

3.近光灯插头至 J519 的线路检测

万用表选择直流电压 0~20 V 挡,具体步骤如下:

①将黑表笔接蓄电池负极,红表笔置于 T10q/6 连接线的接线端,此时电压显示 0 V;打开点火开关,E1 置于大灯挡,此时电压显示 0 V→12.5 V,正常。如果此时电压显示 0 V→0 V,则供电异常,进入步骤②。

②检测 J519 的 T52a/11(56b)端,拆下 J519,找到 T52a/11 口,选择合适的连接线,将黑表笔接蓄电池负极,红表笔置于 T52a/11 连接线的接线端,此时电压显示 0 V;打开点火开关,E1 置于大灯挡,此时电压显示 0 V→12.5 V,正常,进入步骤③。

③检测 T52a/11 端与 T10q/6 端的通断,测量 T52a/11 端与 T10q/6 端之间的电阻,显示接近于"0.00"且伴有蜂鸣声,正常;如果显示"1"且没有蜂鸣声,为线路断路故障。

技能训练 3　迈腾 B8L 车灯开关 EX1 的元件测量

1.迈腾 B8L 车灯开关 EX1

迈腾 B8L 车灯开关 EX1 如图 8-13 所示。

图 8-13　迈腾 B8L 车灯开关 EX1

2.车灯开关 EX1 与车载电网控制单元 J519 之间的线路

车灯开关 EX1 与车载电网控制单元 J519 之间的线路(局部)电路图如图 8-14 所示。T14m/11 是车载电网输出的 15 电;T14m/6 大灯点亮时有电(灯开关控制)。

①车灯开关的操作信息通过 LIN 线传递给 J519。
②车灯开关由一根实线连接中央电器模块,以校验开关信号的可靠性。
③车灯开关通过 2 号管脚与 3 号管脚提供正电与接地。

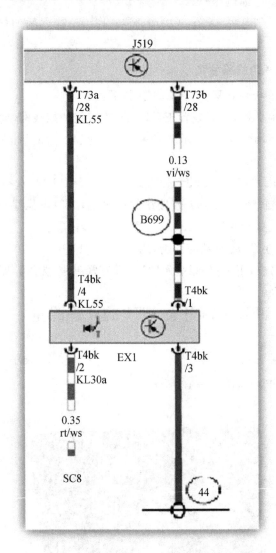

T4bk/1—LIN;T4bk/2—CS8 接电源 30a;T4bk/3—接地;T4bk/4—冗余信号。
图 8-14　车灯开关 EX1 与车载电网控制单元 J519 之间的线路(局部)电路图

3.冗余信号

接线端 T4bk/4 的冗余信号波形如图 8-15 所示。

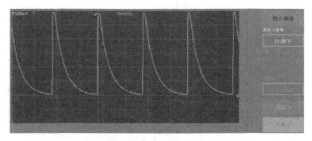
(a) 0挡位：峰值为电源电压11.86 V

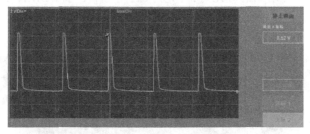
(b) AUTO挡位、小灯挡位：峰值电压为8.52 V

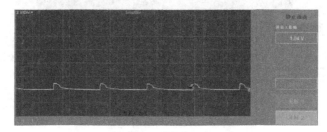
(c) 大灯挡位：峰值电压为1.04 V

图 8-15　T4bk/4 的冗余信号波形图

技能训练 4　迈腾 B8L EX1 车灯开关数据流读取

B8L EX1 车灯开关数据流：

①通过车灯开关的数据块，可以帮助我们快速判断车灯信号是否有问题。

②灯光开关在不同位置时，数据流记录见表 8-1，我们可以与之进行对比，并辅助诊断。

表 8-1　灯光开关数据流记录表

灯开关位置	0 挡位	AUTO	小灯	大灯	前雾灯	后雾灯
断开	已按下	未开动	未开动	未开动	未开动	未开动
侧灯	未开动	未开动	已按下	未开动	未开动	未开动
自动大灯控制	未开动	已按下	未开动	未开动	未开动	未开动
近光	未开动	未开动	未开动	已按下	未开动	未开动
雾灯	未开动	未开动	未开动	未开动	已按下	未开动
后雾灯	未开动	未开动	未开动	未开动	未开动	已按下
冗余线	断开	侧灯	侧灯	近光灯	侧灯	侧灯

任务拓展

1.汽车灯光

汽车灯光除了用于照明,还是驾驶员之间交流的重要工具。文明使用车灯,让驾驶环境更加和谐,也能减少事故的发生,保证道路交通安全。养成正确的用灯习惯,是驾驶员的基本要求之一。

行车过程中经常会使用到的灯光有:近光灯、远光灯、转向灯、示廓灯、制动灯、雾灯、双闪灯等。

汽车车灯开关在车上的位置,常见的有两种形式,如图8-16和图8-17所示。

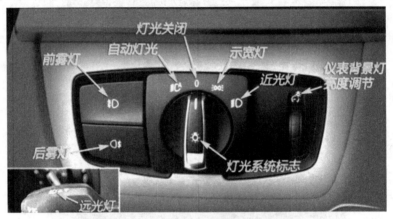

图8-16 车灯开关位置

图8-17 车灯开关位置

2.CCFB 恶劣天气灯设定

装备"High"大灯的车型才有"恶劣天气灯"功能,"恶劣天气灯"功能能够在恶劣的天气(如雨雾天和雪天)提供更好的路面照明。

一汽大众CC轿车LED前照灯结构如图8-18所示。

开启方式:

①车灯旋钮在Auto挡,按压开启按钮。

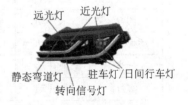

图8-18 LED前照灯结构图

②开启静态转向灯。
③近光灯向前直射,如图 8-19 所示。

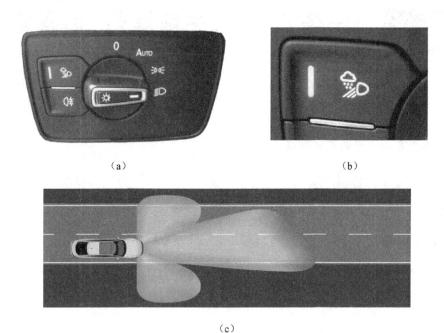

图 8-19　CCFB 恶劣天气灯开启示意图

思考与练习

1. 小王驾驶迈腾 B7L 轿车,在近光灯工作状态下,进入地下停车场,停好车熄火后,锁好车门就回家休息了。到家后想起自己忘记关车灯了,请问小王需要返回地下停车场去关闭车灯吗?为什么?

2. 结合现场教学车辆,完成车灯开关总成的拆卸与安装。

任务 9　开、关前雾灯、后雾灯

 任务目标

1. 掌握雾灯控制系统的基本组成。
2. 理解雾灯的控制原理。
3. 学会用万用表检测前、后雾灯。
4. 了解前、后雾灯的合理使用方法。

 任务资讯

资讯 1　雾灯开关

雾灯开关 E7 和 E18 位于车灯开关总成 E1 内,如图 9-1 所示。

图 9-1　雾灯开关控制方式示意图

开雾灯:车灯开关里的指示灯 或 点亮时,表示雾灯已打开,如图 9-1 所示。

打开前雾灯 :将车灯开关拧至位置 或 ,然后将车灯开关拉出至一挡即可打开前雾灯。

打开后雾灯 :将车灯开关拧至位置 或 ,然后将车灯开关拉到头即可打开后雾灯。

关雾灯:按压车灯开关或将车灯开关拧至位置 0 即可关闭雾灯。

资讯 2　汽车前、后雾灯的控制原理

1. 前、后雾灯的控制原理

以迈腾 B7L 为例,整理局部雾灯控制原理,如图 9-2 所示。

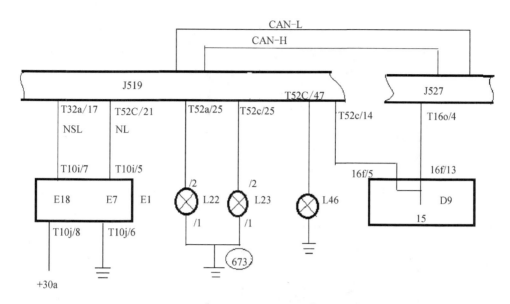

J519—车载电网控制单元;J527—转向柱控制单元;E1—车灯总开关;
E18—后雾灯开关;E7—前雾灯开关;D9—点火开关;L22—左侧前雾灯;
L23—右侧前雾灯;L46—左侧后雾灯;673—接地点。

图9-2 迈腾B7L雾灯控制原理图

①打开点火开关D9,如图9-2所示。点火开关D9将15#电信号通过16f/13、T16o/4发送给J527及通过16f/5、T52c/14发送给J519。

②将车灯开关置于 或 位置,然后将车灯开关拉出至一挡即可打开前雾灯开关E7。通过T10j/5与T52c/21将前雾灯开关E7信号发送给J519,J519识读开启前雾灯意图,然后分别通过T52a/25和T52c/25为雾灯L22和L23提供电源,过L22和L23雾灯搭铁,使左右两侧前雾灯点亮。

③将车灯开关拧至位置 或 ,然后将车灯开关拉到头,即可打开后雾灯开关E18。通过T10j/7与T52a/17将后雾灯开关E18信号发送给J519,J519识读开启后雾灯意图,然后通过T52c/47为左侧后雾灯L46提供电源,过L46左后侧雾灯搭铁,使左侧后雾灯点亮。

2.识读车灯开关E1和E18/E7(局部)电路图

扫描任务9二维码观看迈腾B7L轿车雾灯控制电路图。

大众迈腾B7L灯开关E1、雾灯与车载电网控制单元J519之间的(局部)电路图,如图9-3(a)和(b)所示。

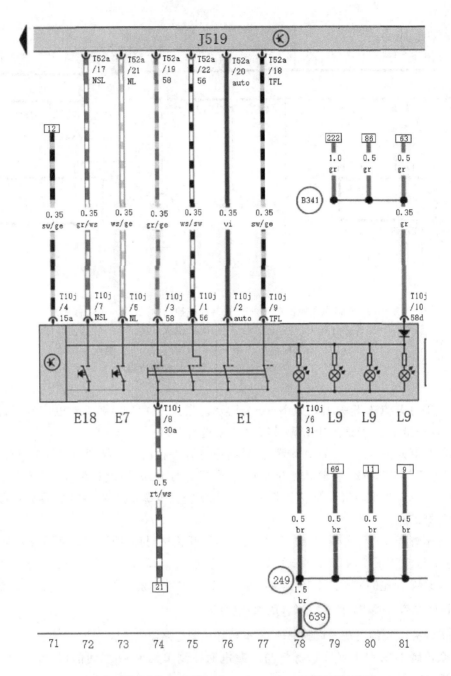

(a) E1 车灯开关总成的前后雾灯开关 E7 和 E18 与 J519 的局部电路图

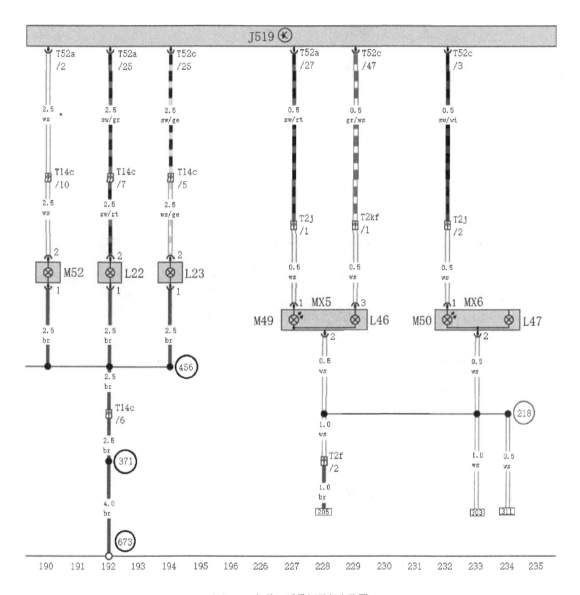

(b) J519 与前、后雾灯局部电路图

E1—车灯开关；E7—前雾灯开关；E18—后雾灯开关；E229—警报灯开关；
J519—车载电网控制单元；M52—右侧静态弯道灯；L22—左侧前雾灯灯泡；
L23—右侧前雾灯灯泡；MX5—左侧尾灯；MX6—右侧尾灯；L46—左侧后雾灯灯泡；
L47—右侧后雾灯灯泡；M49—左侧尾灯灯泡；M50—右侧尾灯灯泡。

图 9-3 迈腾 B7L 车灯开关 E1 与车载电网控制单元 J519 之间线路图

技能训练

迈腾 B7L 轿车雾灯元件测量

1. 车灯开关总成 E1 的拆装

扫描任务 9 二维码观看操作视频。

迈腾 B7L 轿车车灯开关总成 E1 如图 9-4 所示。

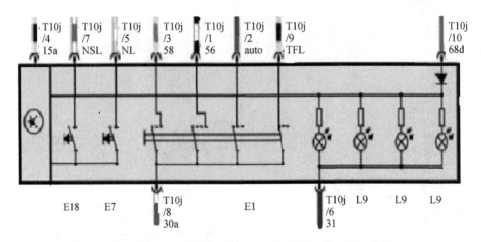

E18—后雾灯开关;E7—前雾灯开关;T10j/6—接地;T10j/8—电源 30a。

图 9-4 迈腾 B7L 轿车车灯开关总成 E1

2. E18 和 E7 元件开关自身元件检查与线路检测

检查内容:

①迈腾 B7L 车灯开关 E18 和 E7 元件检测。

②E18 开关:万用表电阻检测 T10j/6 端与 T10j/7 端之间的电阻值。

③E7 开关:万用表电阻检测 T10j/6 端与 T10j/5 端之间的电阻值。

④电压波形检测。

⑤带电背插测量:T10j/7 端与接地电压(开关 E18),T10j/5 端与接地电压(开关 E7)。

⑥车灯开关 E1 至 J519 线路检测,线路图见图 8-10。

3. 不拆插头测量雾灯供电与搭铁之间电压/雾灯供电电压

后雾灯至 J519 的线路检测,后雾灯至 J519 的线路如图 9-5 所示。

4. EX1 车灯开关数据流

车灯开关的数据,见任务 8 中的表 8-1。关注前雾灯、后雾灯开关数据流。

①通过车灯开关的数据块,可以帮助我们快速判断车灯信号是否有问题。

②灯光开关在不同位置时,具体的数据状态如表中所示,我们可以与之进行对比,并辅助诊断。

任务9 开、关前雾灯、后雾灯

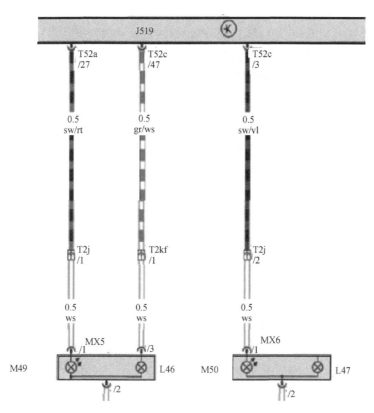

J519—车载电网控制单元;M49—左侧尾灯灯泡2;M50—右侧尾灯灯泡2;
MX5—左侧尾灯2;MX6—右侧尾灯2;L46—左侧后雾灯灯泡;L47—右侧后雾灯灯泡。

图9-5 迈腾B7L前后雾灯与车载电网控制单元J519之间的局部线路图

 任务拓展

汽车灯光的补充材料

汽车雾灯如图9-6所示,为昏黄颜色的灯光,因为黄颜色灯光的光波长,穿透能力强,能

图9-6 汽车雾灯

够有效增强驾驶员观察视线。

雾天行车能见度较低,我们需要提前开启雾灯,观察路面情况。

使用场景:雾、雨、雪等低能见度天气。

提示:雾、雨、雪天气及时开启雾灯。

 思考与练习

1.结合自己的家庭用车,总结雾天行车时,应如何使用雾灯。

2.完成迈腾 B7L 小灯挡前、后雾灯开关的检查。

任务 10　开、关转向灯

任务目标

1. 掌握转向灯控制系统的基本组成。
2. 理解转向灯的控制原理。
3. 学会用万用表检测转向灯。
4. 了解转向灯的合理使用方法。

任务资讯

资讯 1　汽车转向灯的使用

转向信号灯设置在机动车两侧，黄颜色，其作用是提示车辆转向或靠边。在车辆启动、停靠、出入弯道、变更车道、掉头、超车及进出环岛时要提前开启。

大众迈腾 B7L 轿车的转向信号灯开关与远光操作杆，如图 10-1 所示。

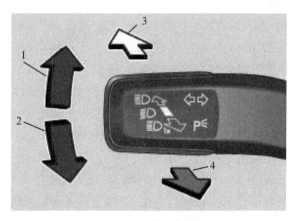

1—打开右转向灯；2—打开左转向灯；3—打开和关闭前照灯远光；4—操作前照灯闪光器。

图 10-1　转向信号灯/远光操纵杆示意图

①打开右侧转向信号灯。打开点火开关后，将操纵杆从中间位置上拨即可打开右侧转向灯。关闭点火开关后将操纵杆从中间位置上拨即可打开右侧驻车灯。

②打开左侧转向信号灯。打开点火开关后，将操纵杆从中间位置下拨即可打开左侧转向灯。关闭点火开关后将操纵杆从中间位置下拨即可打开左侧驻车灯。

③打开和关闭前照灯远光。打开前照灯远光时组合仪表里的警报灯随即点亮。

④操作前照灯闪光器。只要在该位置拉住操纵杆,前照灯闪光器就一直闪亮,同时指示灯点亮。

(注意:此时,与点火开关通断无关。)

资讯 2 汽车转向灯的控制原理

1.转向灯的控制原理

扫描任务 10 二维码提供迈腾 B7L 转向灯控制原理全图。

以迈腾 B7L(2015)为例,整理其转向灯控制原理简图(局部)如图 10-2 所示。

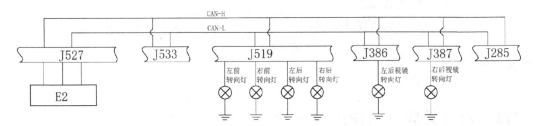

J285—仪表单元;J519—车载电网控制单元;J527—转向柱控制单元;J533—网关;
J386—驾驶员侧门控单元;J387—副驾侧门控单元;E2—转向灯开关。

图 10-2 迈腾 B7L(2015)转向灯控制原理简图(局部)

当驾驶车辆变换车道或转弯时,因点火开关 D9 已打开,见任务 9 的图 9-2 所示,点火开关 D9 将 15♯电信号通过 16f/13、T16o/4 发送给 J527 及通过 16f/5 与 T52c/14 发送给 J519。

操作转向灯开关(E2),如图 10-1 和 10-2 所示。下拨转向开关 E2,E2 将左转向信号反馈给 J527,J527 识读出驾驶员开启左转向灯意愿,通过舒适 CAN 总线传输到 J519 发出控制指令,分别为左前转向灯、左后转向灯供电;并通过舒适 CAN 总线传输到驾驶员侧门控单元 J386 及左侧后视镜转向指示灯,使其供电闪亮,以引起行人和往来车辆驾驶员的注意;同时通过舒适 CAN 总线到仪表板控制单元 J285 的左向指示灯闪亮。如果转向灯出现故障,生成的故障码存于 J533,J285 相应的故障指示灯亮。

操作转向灯开关(E2),如图 10-1 和 10-2 所示。上拨转向开关 E2,E2 将右转向信号反馈给 J527,J527 识读出驾驶员开启右转向灯意愿,通过舒适 CAN 总线传输到 J519 发出控制指令,分别为右前转向灯、右后转向灯供电;并通过舒适 CAN 总线传输到副驾侧门控单元 J387 及右侧后视镜转向指示灯,使其供电闪亮,以引起行人和往来车辆驾驶员的注意;同时通过舒适 CAN 总线到仪表板控制单元 J285 的右向指示灯闪亮。如果转向灯出现故障,生成的故障码存于 J533,J285 相应的故障指示灯亮。

2.识读转向灯开关 E2 和 J527 之间的(局部)电路简图

大众迈腾 B7L 转向灯开关 E2 与转向柱控制单元 J527 之间的(局部)电路简图如图 10-3 所示。

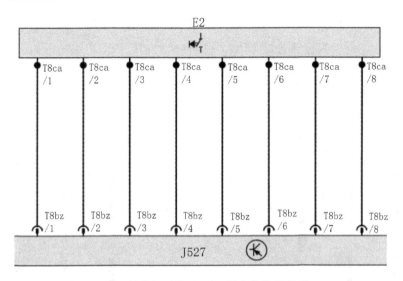

E2—转向灯开关;J527—转向柱控制单元。

图 10-3 转向灯开关 E2 与转向柱控制单元 J527 之间的(局部)电路简图

3.识读左转向灯 M5、右转向灯 M7 和 J519 之间的(局部)电路简图

大众迈腾 B7L 前面左转向灯 M5、右转向灯 M7 与车载控制单元 J519 之间的(局部)电路简图如图 10-4 所示。

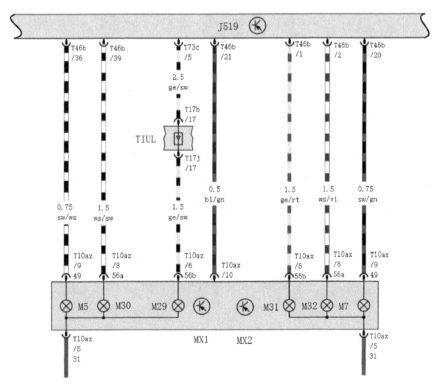

M5—左前转向灯开关;M7—右前转向灯开关;J519—车载电网控制单元。

图 10-4 左转向灯 M5、右转向灯 M7 和 J519 之间的(局部)电路简图

4.识读左侧后视镜警告灯 L131 与 J386 之间的(局部)电路简图

大众迈腾 B7L 左侧后视镜警告灯 L131 与 J386 之间的(局部)电路简图如图 10-5 所示。

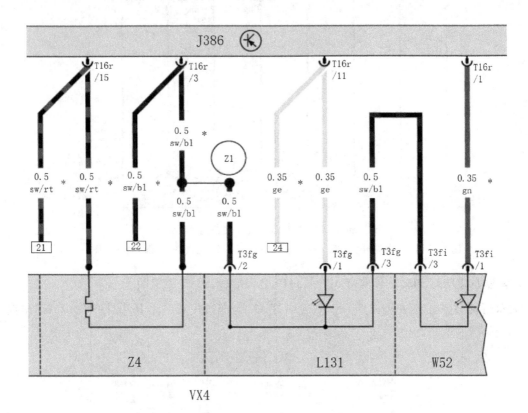

L131—左侧后视镜警告灯；W52—左侧照明灯；J386—驾驶员侧门控制单元。

图 10-5　左侧后视镜警告灯 L131 与 J386 之间的(局部)电路简图

5.识读右侧后视镜警告灯 L132 与 J387 之间的(局部)电路简图

大众迈腾 B7L 右侧后视镜警告灯 L132 与 J387 之间的(局部)电路简图如图 10-6 所示。

6.识读尾灯 MX3/MX4 与 J519 之间的(局部)电路图

大众迈腾 B7L 尾灯 MX3/MX4 与 J519 之间的(局部)电路简图如图 10-7 所示。

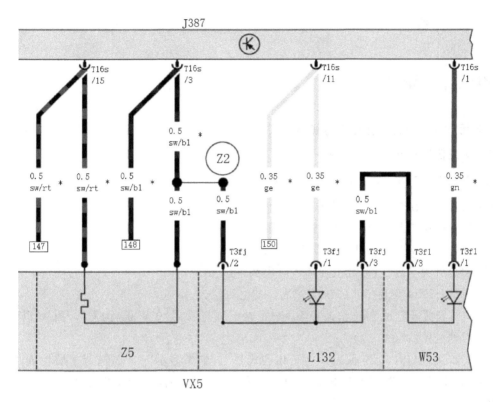

L132—右侧后视镜警告灯;W53—右侧照明灯;J386—驾驶员侧门控制单元。

图 10-6 右侧后视镜警告灯 L132 与 J387 之间(局部)电路简图

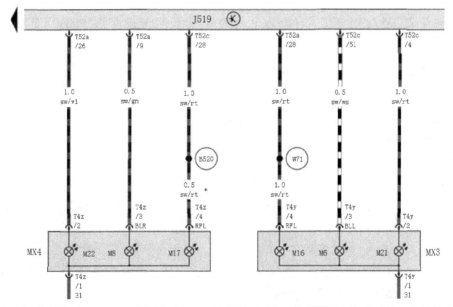

J519—车载电网控制单元;MX3—左侧尾灯;MX4—右侧尾灯;M6—左侧停车灯灯泡;M8—右侧停车灯灯泡。

图 10-7 迈腾 B7L 尾灯 MX3/MX4 与 J519 之间的(局部)电路简图

> **技能训练**

转向灯的元件测量

1. E2 元件开关自身元件检查与线路检测

使用解码器进行开关元件检测。

2. 前转向灯 M5 和 M7 检测(见图 10-4)

前转向灯 M5 和 M7 的检测步骤如下：

① 万用表电压检测(不拆下接头带电测量)。

M5：测量 T10az/9 端与 T10az/5 端之间的电压值。

左转向灯开关开启时，标准值为"0 V→电源电压"。

M7：测量 T10ax/9 端与 T10ax/5 端之间的电压值。

右转向灯开关开启时，标准值为"0 V→电源电压"。当显示"0 V"时，为异常，测量 T10az/9、T10ax/9 对地电压。

转向灯开关开启时，标准值为"0 V→电源电压"。如果显示"0 V"，进行上游检查。分别测量 J519 的 T46b/36 端对地电压和 T46b/20 端对地电压，转向灯开关开启时，标准值为"0 V→电源电压"。如果显示"0 V"，进入步骤②。

② 万用表电阻检测：M5 和 M7 与 J519 线路检测(拆下接头断电测量)。

M5：测量 T10az/9 端与 T46b/36 端之间的电阻，正常值接近 0.00 Ω，当显示"1"时，为断路。

M7：测量 T10ax/9 端与 T46b/20 端之间的电阻，正常值接近 0.00 Ω，当显示"1"时，为断路。

3. 后转向灯 M6 和 M8 检测(见图 10-7)

后转向灯 M6 和 M8 的检测步骤如下：

① 万用表电压检测(不拆下接头带电测量)。

M6：测量 T4y/3 端与 T4y/1 端之间的电压值。

左转向灯开关开启时，标准值为"0 V→电源电压"。

M8：测量 T4z/3 端与 T4z/1 端之间的电压值。

右转向灯开关开启时，标准值为"0 V→电源电压"。当显示"0 V"时，为异常，测量 T4y/3、T4z/3 对地电压。

转向灯开关开启时，标准值为"0→电源电压"。如果显示"0 V"，进行上游检查。分别测量 J519 的 T52c/51 端对地电压和 T52a/9 端对地电压，转向灯开关开启时，标准值为"0 V→电源电压"。如果显示"0 V"，进入步骤②。

② 万用表电阻检测：M6 和 M8 与 J519 线路检测(拆下接头断电测量)。

M6：测量 T4y/3 端与 T52c/51 端之间的电阻，正常值接近 0.00 Ω，当显示"1"时，为断路。

M8：测量 T4z/3 端与 T52a/9 端之间的电阻，正常值接近 0.00 Ω，当显示"1"时，为断路。

4. 后视镜警告灯 L131 和 L132 的检测（见图 10 - 5 和图 10 - 6）

后视镜警告灯 L131 和 L132 的具体检测步骤如下：

①万用表检测电压（不拆下接头带电测量）。

L131：测量 T3fg/1 端与 T3fg/2 端之间的电压值。

左转向灯开关开启时，标准值为"0 V→电源电压"。

L132：测量 T3fj/1 端与 T3fj/2 端之间的电压值。

右转向灯开关开启时，标准值为"0 V→电源电压"。当显示"0 V"时，为异常，测量 T3fg/1、T3fj/1 对地电压。

转向灯开关开启时，标准值为"0→电源电压"。如果显示"0 V"，进行上游检查。分别测量 J386 的 T16r/11 端对地电压和 J387 的 T16s/11 端对地电压，转向灯开关开启时，标准值为"0 V→电源电压"。如果显示"0 V"，进入步骤②。

②万用表检测电阻：L131 与 J386 和 L132 与 J387 的线路检测（拆下接头断电测量）。

L131：测量 T16r/11 端与 T3fg/1 端之间的电阻，正常值接近 0.00 Ω，当显示"1"时，为断路。

L132：测量 T16s/11 端与 T3fj/1 端之间的电阻，正常值接近 0.00 Ω，当显示"1"时，为断路。

 任务拓展

汽车灯光的补充材料

转向灯，设置在机动车两侧，黄颜色，转向灯的作用是提示车辆转向或靠边。

使用场景：车辆启动、停靠、出入弯道、变更车道、掉头、超车、进出环岛。

提示：需要提前开启转向灯。

示廓灯，也称为示宽灯，作用是指示机动车的轮廓，不同的车型会设置不同的示廓灯。

使用场景：光线不足时，提示车辆宽度。傍晚、夜间，雨、雪等特殊天气，夜间出现故障或事故时。

提示：不可代替近光灯使用，示廓灯无法照亮道路。

制动灯，俗称刹车灯，同样是设置在机动车后部的两侧。驾驶人踩下刹车时，刹车灯就会亮起，作用是提示后方车辆驾驶员注意前车车速，保持两车之间的安全距离。

思考与练习

1. 结合 2015 款大众迈腾 B7L 轿车电路图，如果警告灯正常，请简要分析左侧转向灯异常的故障可能原因。

2. 结合现场教学车辆完成左前转向灯不亮，其他正常的故障检查。

任务 11　开、关危险报警灯

任务目标

1. 掌握汽车危险报警灯的合理使用。
2. 了解危险报警灯控制系统的基本组成。
3. 理解危险报警灯的控制原理。
4. 学会用万用表等设备检修危险报警灯相关故障。

任务资讯

资讯1　汽车危险报警灯的使用

1.危险报警灯开关

危险报警灯开关一般布置在驾驶员中控台中部,遇紧急情况时,便于驾驶员按下,如图 11-1 所示。

当按下危险报警灯开关 4 后,包括后视镜上的报警灯在内的前后两侧转向灯同时有节奏地闪亮。

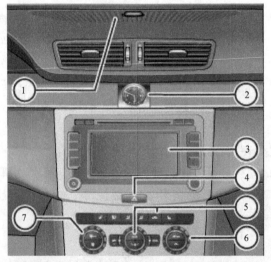

1—出风孔；2—指针式时钟；3—收音机或导航系统；4—危险报警灯开关按键；
5—空调控制及调节；6—右侧温度调节旋钮；7—左侧温度调节旋钮。

图 11-1　迈腾 B7L 轿车副仪表板示意图

2. 遇下列情况应打开危险报警灯

①前方车辆突然起步、慢速行驶或堵车时,位于车流后等待时,应打开危险报警灯,以引起后随车辆驾驶员的注意。

②发生紧急情况时,轿车抛锚时。

③车辆被牵引时。

3. 遇紧急情况时,为确保您与车内所有人员的安全,务必按下列顺序进行操作

①将轿车停在远离主车道的合适路面上。

②按压如图 11-2 所示开关,打开危险报警灯。

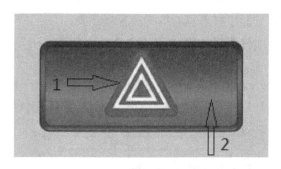

1—危险报警灯开关照明灯;2—危险报警灯开关按键。

图 11-2 危险报警灯开关示意图

③打开电子驻车制动器。

④将变速杆移入位置 P,如图 11-3 所示。

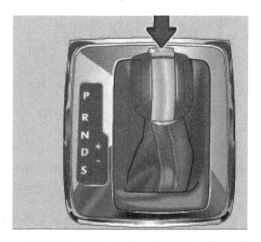

图 11-3 自动变速器操纵杆挡位示意图

⑤关闭发动机,从点火开关里拔出钥匙。

⑥所有乘员必须下车,到安全场所等待。例如,到安全护栏后面去等待。

⑦下车时随身带走所有轿车钥匙。

⑧将三角警示牌设立在相应位置,以引起过往车辆驾驶员的注意。

注意：

①务必按当地相关法规使用危险报警灯。

②轿车被牵引时，打开危险报警灯，用转向信号灯指示转向方向和变换车道时，暂时关闭危险报警灯。

若驾驶某些德系品牌的车辆，如一汽大众、上汽大众等品牌的车辆，开启报警灯后，如需要变换车道或转弯，可以直接操作相应的转向灯开关，此时，报警灯会自动变换为相应的转向灯，当转向灯开关复位后，会自动恢复到报警灯功能。

若驾驶某些美系品牌的车辆，如别克等，当开启报警灯后，如需要变换车道或转弯，需要关闭报警灯开关后，才能操作相应的转向灯开关，开启转向灯功能。变道或转弯结束后，转向灯开关复位，如需继续使用报警灯，需要重新按下报警灯开关。

③如危险报警灯长时间处于打开状态，轿车蓄电池将快速放电。即使关闭点火开关，也会快速放电。

④在车速高于 80 km/h 时紧急制动，制动灯会闪亮，以引起后随车辆驾驶员的注意。如仍踏住制动踏板对轿车施加制动，则车速低于 10 km/h 时危险报警灯自动点亮，制动信号灯仍保持点亮状态，一旦开始加速，危险报警灯自动关闭。

资讯 2　汽车危险报警灯的控制原理

扫描任务 11 二维码提供迈腾 B7L 危险报警灯电路图。

1.危险报警灯的控制原理

以迈腾 B7L（2015）为例，整理局部危险报警灯控制原理，如图 11-4 所示。

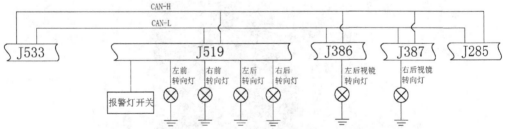

J285—仪表板控制单元；J386—驾驶员侧车门控制单元；
J387—副驾侧车门控制单元；J519—车载电网控制单元；J533—网关。

图 11-4　迈腾 B7L（2015）危险报警灯（局部）控制原理图

当驾驶车辆遇到紧急情况时，按下报警灯开关（E229），开关将接地 0 V 信号反馈给 J519，J519 识读出驾驶员开启报警灯的意愿，发出控制指令，分别为左前转向灯、左后转向灯、右前转向灯、右后转向灯闪亮，并通过舒适 CAN 总线传输到 J386、J387 门控单元及使左右后视镜转向指示灯供电闪亮，以引起后随车辆驾驶员的注意，同时使通过舒适 CAN 总线到仪表板控制单元 J285 的报警指示灯闪亮。如果报警灯出现故障，生成的故障码存于 J533，J285 相应的故障指示灯亮。

说明：
① 在大多数车辆中，为降低成本，报警灯与转向灯使用相同的灯泡，只是由不同的开关信号区分。
② 报警灯双侧闪亮，转向灯单侧闪亮。

2. 识读危险报警灯开关 E229 和 J519 之间的（局部）电路简图

大众迈腾 B7L 报警灯开关 E229 与车载控制单元 J519 之间的（局部）电路简图如图 11-5 所示。

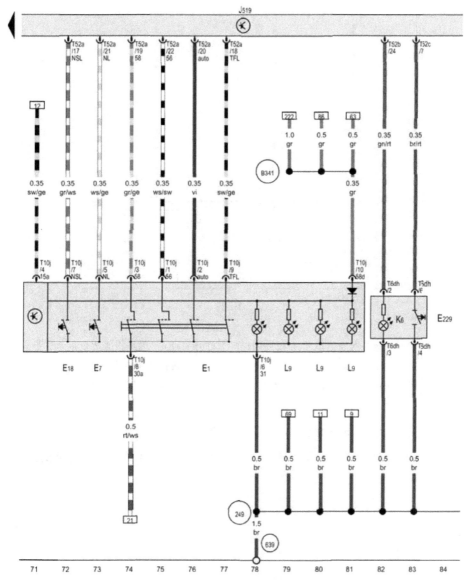

E1—车灯开关；E7—前雾灯开关；E18—后雾灯开关；E229—报警灯开关；
J519—车载电网控制单元；K6—闪烁报警装置指示灯；L9—大灯开关照明灯泡。

图 11-5 迈腾 B7L 危险报警灯开关 E229 与车载电网控制单元 J519 之间的（局部）电路简图

3. 识读闪烁报警灯开关 EX3 和 J519 之间的(局部)电路简图

大众迈腾 B8L 闪烁报警灯开关 EX3 与车载控制单元 J519 之间的(局部)电路简图如图 11-6 所示。

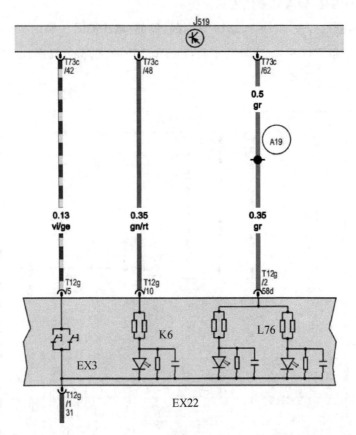

J519—车载电网控制单元；EX3—闪烁报警灯开关；K6—闪烁报警装置指示灯；
EX22—中部仪表板开关模块；L76—按钮照明灯泡。

图 11-6 迈腾 B8L 危险报警灯开关 EX3 和 J519 之间的(局部)电路简图

4. 识读闪烁报警灯和 J519 之间的(局部)电路图

大众迈腾 B7L 尾灯中转向信号灯与车载控制单元 J519 之间的(局部)电路简图如图 11-7 所示。

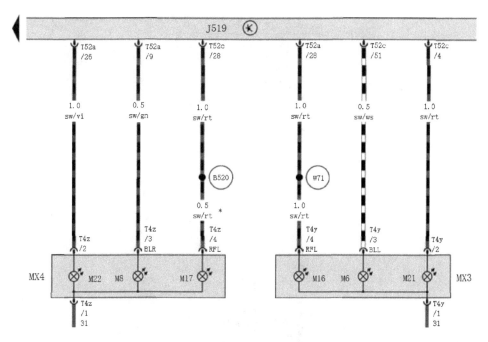

MX4—左侧尾灯；MX3—右侧尾灯；M6—左后转向信号灯灯泡；
M8—右后转向信号灯灯泡；J519—车载电网控制单元。

图 11-7　迈腾 B7L 尾灯与车载电网控制单元 J519 之间的（局部）电路简图

 技能训练

迈腾 B7L 轿车的危险报警灯的元件测量

1.迈腾 B7L(2015)E229 危险报警灯开关自身元件检测

迈腾 B7L(2015)E229 危险报警灯开关总成接脚号如图 11-8 所示。
万用表电阻检测：
E229 开关：测量 Tdh/6 端与 Tdh/4 端之间的电阻值。
E229 开关：测量 Tdh/2 端与 Tdh/3 端之间的电阻值。

2.迈腾 B7L 车灯开关 E229 与车载电网控制单元 J519 之间的电路

迈腾 B7L 车灯开关 E229 与车载电网控制单元 J519 之间的电路简图如图 11-9 所示。

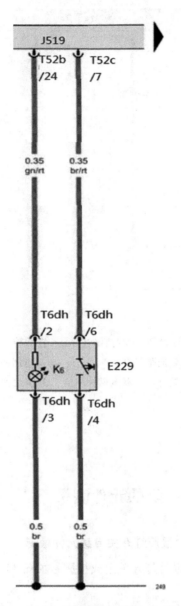

E229—危险报警灯开关；J519—车载电网控制单元；K6—危险报警灯开关照明灯。

图 11-8　迈腾 B7L 的 E229 危险报警灯开关总成接脚号

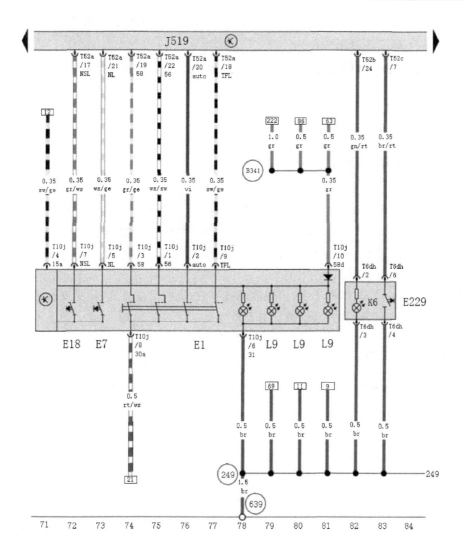

E1—车灯开关;E7—前雾灯开关;E18—后雾灯开关;E229—报警灯开关;J519—车载电网控制单元;K6—闪烁报警装置指示灯;L9—大灯开关照明灯泡;T6dh—6芯插头连接;T10j—10芯插头连接;T52a—52芯插头连接;T52b—52芯插头连接;T52c—52芯插头连接;249—接地连接2,在车内导线束中;639—接地点,在左侧A柱上;B341—连接2(58d),在主导线束中。

图11-9　迈腾B7L车灯开关E229与车载电网控制单元J519之间的电路简图

3.危险报警灯开关E229至J519线路检测

检查内容:

①测量T52c/7端与Tdh/6端之间的电阻值。

②测量Tdh/4端与接地之间的电阻值。

③不拆插头,测量危险报警灯开关供电与搭铁之间的电压。

④测量T52c/7端对地电压值。

因 E229 为常开开关,不操作开关 E229 时,T52c/7 端对地电压为电源电压;操作开关 E229 时,T52c/7 端对地电压为 0 V。

4.危险报警灯的检测(检测内容与任务 10 一致,在此不再重述)

任务拓展

汽车灯光的补充材料

双闪灯又叫"危险报警灯",在车辆出现紧急状况时应该通过相应的开关开启此灯。

车辆抛锚停在路边时,除了要亮起双闪灯还要在车辆后方合适的距离设立三角反光板对后面来车作出警示,避免追尾事故的发生。双闪灯的另一个作用是标识车队中的车辆,让其他车知悉车队将通过。

使用场景:临时停车、汽车牵引、出现故障或事故、低能见度天气(能见度小于 100 m)时。

提示:除以上场景,随意开启会被扣分罚款。

思考与练习

1.开启危险报警灯行驶中的车辆,如需要向左转向时,应如何操作?

2.用万用表完成危险报警灯开关的检查。

参考文献

[1] 弋国鹏,魏建平,郑世界.汽车舒适控制系统及检修[M].北京:机械工业出版社,2017.
[2] 弋国鹏,魏建平,郑世界.汽车灯光控制系统及检修[M].2版.北京:机械工业出版社,2019.
[3] 大众修理手册·迈腾 B7L 2015 年型电路图.
[4] 大众修理手册·迈腾 B8L 2018 年型电路图.
[5] 大众迈腾 B7L 使用手册.